SOLUTION DU PROBLÈME SOCIAL

OU

CONSTITUTION HUMANITAIRE,

BASÉE SUR LA LOI NATURELLE,

ET

PRÉCÉDÉE DE L'EXPOSÉ DE MOTIFS,

Par Jh. Charlier.

Lex non scripta, sed nata est.

PRIX : 1 FRANC.

BRUXELLES.

CHEZ TOUS LES LIBRAIRES DU ROYAUME.

1848.

SOLUTION DU PROBLÈME SOCIAL

OU

CONSTITUTION HUMANITAIRE,

BASÉE SUR LA LOI NATURELLE

ET

PRÉCÉDÉE DE L'EXPOSÉ DE MOTIFS,

Par Jh. Charlier.

Lex non scripta, sed nata est.

PRIX : 1 FRANC.

BRUXELLES.
CHEZ TOUS LES LIBRAIRES DU ROYAUME.
1848.

IMPRIMERIE DE C.-J.-A. GREUSE.

PROLÉGOMÈNES.

Quand a[illegible]in de l'Assemblée Nationale de France, M. Goudchaux, aujourd'hui ministre des finances, a dit que la révolution de février avait dévancé la marche des temps, parce que la science sociale n'était pas préparée à recevoir ce grand événement ni à donner une solution satisfaisante aux questions économiques qu'il devait nécessairement provoquer, nous devions croire d'après l'espèce de frémissement électrique que ce défi avait jeté sur presque tous les bancs de l'Assemblée, que M. Goudchaux s'était profondément trompé dans l'appréciation des hommes et des choses de son temps, et que bien certainement la France allait prouver au monde qu'elle était bien réellement la tête des corps des nations de l'Europe et que c'est bien d'elle que partent les grandes vérités philosophiques appelées à régénérer l'humanité. Mais hélas! après avoir lu attentivement le projet de constitution dont la France se voit menacée, nous devons reconnaître que M. Goudchaux avait parfaitement raison. La nouvelle constitution n'est qu'une nouvelle déclaration d'impuissance. Elle est entachée d'un vice radical commun à toutes les constitutions qui l'ont précédées et qui a déterminé leur ruine :

la question matérielle y est escamotée par la question politique. Comme s'il suffisait de donner des droits politiques au peuple pour lui donner du pain! Triste et funeste illusion qui a déjà coûté bien du sang et qui s'expie par des terribles commotions!

Mais le droit d'assistance, mais le droit au travail?

Nous avons vu comment cette question matérielle, la seule dans laquelle on ait osé aborder les droits positifs de l'individu, a été tranchée par l'Assemblée Nationale après une discussion où on a vu les orateurs les plus estimés et les plus saillants épuiser toute leur puissance d'argumentation sans avoir su entrevoir la plus petite formule pour concilier, sur un seul point, le droit individuel avec le droit collectif; et pourtant jamais peut être question n'a soulevé un débat plus large, plus approfondi et plus solennel.

Mais en admettant que ce droit eut trouvé place dans le préambule de la constitution française, le problème social n'en serait point pour cela résolu; car le droit d'assistance n'est en définitif que le droit au remède d'un mal déclaré, droit généralement pratiqué aujourd'hui comme un devoir public, pour les malades, par les hôpitaux, et pour les vieillards et infirmes, par les hospices et les maisons de refuge. Ériger en droit un fait existant ce n'est pas créer; c'est tout au plus régulariser. Considéré en lui-même ce droit n'a pas non plus un caractère préventif, comme on le prétend communément, puisqu'il n'intervient que lorsqu'il y a faiblesse, impuissance ou caducité individuelle constatée. Le mal doit apparaître avant l'application du remède. Et si le droit s'adresse à la pauvreté valide, oserait-on appeler assistance l'admission dans un dépôt de mendicité où l'homme achète une misérable existence par le sacrifice de ses deux facultés les plus précieuses : la liberté de locomotion et la liberté de procréation. Est-ce assister l'homme pauvre que de lui ravir sa liberté personnelle pour enchaîner son corps à un travail obligatoire, et par cela même toujours répugnant, et abrutir son âme par une discipline *humanicide* qui le prive de toutes relations sociales, affectueuses et de famille pour en faire une sorte d'automate?

De même la reconnaissance du droit au travail si elle eut été sérieusement proclamée, ne pourrait recevoir une légitime satisfaction qu'en s'emparant en même temps du monopole industriel. Reconnaître le droit au travail et maintenir la libre exploitation de l'industrie, c'est vouloir la fin et renier les moyens, et conséquemment créer une cause permanente de conflit et de désordre dans la société, tout en développant les vices organiques de la misère, comme nous le démontrerons tout à l'heure.

Répétons-le, la transformation sociale qui vient de s'opérer en France ne répond nullement aux besoins de l'humanité, parce qu'elle n'affecte que la forme politique du gouvernement et laisse intact le grand problème du sort physique de l'individu qu'elle abandonne, sans aucune garantie réelle, à l'anarchie spéculative comme on le fit en 1789. A cette époque en abolissant la féodalité on ne poursuivait que l'émancipation politique du peuple, sans s'inquiéter le moins du monde de son émancipation matérielle; on ne comprenait pas alors que les corporations de métiers, si elles constituaient un monopole, présentaient au moins aux travailleurs une garantie pour leurs moyens d'existence, tout comme la féodalité elle-même présentait une garantie matérielle pour l'existence des vassaux. On croyait qu'en détruisant ces garanties, par respect pour la dignité humaine, la liberté illimitée aurait su les remplacer; mais l'expérience a prouvé que les ouvriers, une fois livrés à eux-mêmes, n'ont plus été comptés dans la société que comme de simples instruments passifs, tandis que sous le régime des corporations ils jouissaient de certains priviléges; ils étaient la force et la puissance des communes, et très-souvent même ils savaient imposer des limites à l'autorité des seigneurs féodaux et en obtenir des concessions au profit du peuple. La liberté en les éparpillant a substitué la faiblesse individuelle à la force collective, et par suite les a livrés sans défense à l'exploitation. Aussi les a-t-on vus depuis constamment malheureux et misérables. Ceci prouve qu'avant de s'occuper des droits politiques des masses, il fallait s'occuper de leurs droits de l'ordre matériel, comme plus directement liés à la loi de leur existence : la vie physique est préexistante à la vie politique de l'homme, et à ce titre, elle doit avoir la priorité; car ce n'est que lorsque le peuple sera arrivé à son affranchissement physique qu'il sera apte à exercer ses droits de souveraineté. Jusques-là il ne sera jamais qu'un instrument au service des ambitieux. Le suffrage universel, légal, légitime en soi, n'est pas, quant à présent du moins, un bienfait pour le peuple. Le peuple a besoin avant tout de pain et de vêtements. Lui créer des devoirs électoraux, c'est provoquer une perte notable de ses forces productives déjà insuffisantes pour lui assurer le strict nécessaire. D'où la conséquence que tant qu'il sera dans cette condition de dépendance absolue, plus il s'occupera de politique, plus il s'appauvrira. D'autre part, esclave de la misère, son vote sera généralement servile; il le donnera au plus offrant, et l'urne universelle loin de servir les intérêts généraux du pays favorisera les intrigues des partis dont le triomphe sera en raison de leurs ressources pécuniaires au lieu de l'être par la force même de leurs principes. Déjà la France nous offre la confirmation de ce fait dans un rapport fait à l'Assemblée Nationale, séance du 28 août 1848, par la commission nommée pour vérifier la validité de l'élection de M. Laissac dans le département de l'Hérault : « Un riche propriétaire du pays a payé ses ouvriers le lundi, jour de l'élection quoiqu'ils n'aient pas travaillé ce jour-là. »

« L'agent d'un des candidats proposés offrit une somme de fr. 1-50 par tête à ceux qui voteraient pour son patron; ce que voyant, un autre candidat offrit une enchère de 50 centimes par tête. »

Si on nous objecte l'exemple des États-Unis d'Amérique où

le peuple, comparativement le plus heureux de la terre, exerce cependant le suffrage universel; nous répondrons que ce n'est pas par le suffrage universel que le peuple d'Amérique est arrivé au degré d'aisance et de bien-être où on le voit aujourd'hui. Cette supériorité de condition tient à des causes locales; mais en tout cas, il importe de remarquer que c'est précisément parce qu'il jouit de cette supériorité relative que chez lui le mécanisme démocratique fonctionne librement et produit des bons résultats.

Veut-on une preuve éclatante de l'impuissance de la politique à rémédier aux souffrances des masses? Qu'on jette les yeux sur la Belgique. Depuis 1830 les Belges jouissent certainement d'une plus grande somme de liberté politique, et cependant malgré cette extention le bien-être général a sensiblement périclité; la misère chez nous étend chaque jour son domaine : ceux qui étaient dans l'aisance sont dans la gène; ceux qui étaient dans la gène sont dans la misère et ceux qui étaient dans la misère meurent de faim, vont mourir dans les dépôts de mendicité ou peupler les prisons de l'État.

A ceux qui douteraient de cette effrayante vérité, je répondrai par des chiffres officiels.

Au 1er janv. 1830	la population générale des prisons s'élevait à . . .	4428 détenus.
	celle des dépôts de mendicité à	2375 réclus.
Au 1er janv. 1848	les prisons renfermaient	8943 personnes.
	les dépôts de mendicité	9612 réclus.

Soit une augmentation de plus de moitié alors cependant que la population du pays n'a augmenté que d'un quinzième. Et il faut remarquer, quant aux dépôts de mendicité, que si les locaux l'eussent permis le nombre de réclus se serait élevé à plus du double. Les postulants font queue pour y être admis.

Si ce tableau officiel ne suffit pas, qu'on ait le courage de parcourir les tables de mortalité où la progression croissante est plus effrayante encore; et qu'on nous dise ensuite s'il n'est pas plus que temps d'abandonner un moment le terrain politique pour aborder franchement, résolument, les questions matérielles traitées jusqu'ici avec tant de dédain et de mépris.

Déjà en Belgique on commence à comprendre que le domaine politique n'a plus grand' chose à offrir à la société, et les intérêts matériels, si longtemps relégués au second rang apparaissent à l'horizon avec leur imposante autorité. Il est des temps, a dit M. le Comte Lehon, dans la séance de la Chambre des Représentants, du 5 juillet 1848, où la question matérielle s'élève à la hauteur des plus grandes questions de politique, où elle touche pour ainsi dire à la consolidation de l'ordre national.

Mais sur ce terrain là il faut le répéter avec M. Goudchaux, le socialisme n'a pas encore de formule rationnelle, acceptable. C'est qu'en général les socialistes ont abusé de la théorie aux dépens de la pratique; ils ont beaucoup trop raisonné, ergoté et controversé sans raison. Après avoir longuement discuté, analysé et développé leurs doctrines ils arrivent presque tous à une conclusion tellement confuse que le bon sens public n'a pu encore exprimer sa préférence. Aucune école ne trouverait dans l'opinion des masses l'appui d'une adhésion même passive, parce que de toutes les doctrines socialistes mises en avant, il n'en est aucune qui puisse être traduite en fait sans jeter la société dans une grande perturbation, en tant du moins qu'elles touchent aux intérêts matériels, le Fouriérisme excepté. Mais le Fouriérisme c'est une merveille orientale qui charme, subjugue et fascine l'esprit, et qu'on admire comme une brillante féerie. Il faut quant à présent une machine moins compliquée, et qui soit surtout dégagée de toute espèce d'illusion.

Est-ce dans le communisme que l'on trouvera la solution du problème social? Mais le communisme *absolue* de Babœuf, Cabet et consorts, basée sur les produits généraux sans distinction du degré de participation individuelle par les trois moteurs : *capital, travail, talent,* c'est la ruine de toute activité industrielle, la négation de tout élément de vie sociale. Ce communisme là renferme dans ses flancs un principe destructeur parce qu'il tue toute émulation par l'absorption ou plutôt la confusion des trois moteurs productifs.

Est-ce le communisme *relatif* de Fourier qui nous donnera la solution de la question brûlante qui agite le monde et préoccupe tous les esprits? Nous voudrions y croire parce qu'il s'appuie sur le vœu de la nature et qu'il permet aux individualités l'exercice intégrale de leurs passions comme source du bonheur public; mais nous avouons que nous conservons à cet égard des scrupules que nous voudrions voir dissiper par une phalange d'essai en pleine échelle. Jusques là nous ne pouvons avoir en ce système qu'une confiance conditionnelle tout en rendant hommage au génie de son illustre auteur.

Est-ce enfin dans cette foule de Sectes, tels que le Saint-Simonisme, le Quaqueris, le Moravisme, l'Owenisme, etc., qui toutes ont laissée des traces, des débris et même des fragments d'institutions sur le monde, que l'on découvrira le véritable principe de socialisme rationnel que réclame l'humanité? Sur ce point il n'y a pas, pensons-nous, de controverse possible. Toutes ces écoles, plus ou moins religieuses, plus ou moins orginales, ont fourni leur contingent d'expérience et avec elle la preuve de leur impuissance radicale comme base de société générale.

Serait-ce dans l'organisation du travail que l'humanité trouvera son salut?

Mais d'abord qu'entend on par organisation du travail. Ce mot nouveau a eu une si grande célébrité; il paraissait à son début renfermer tant de merveilles, qu'il est bien permis de lui demander compte de la puissance qu'il a exercé sur les esprits.

Organiser le travail, dans le sens du socialisme, c'est non-seulement réglementer la rémunération de la main d'œuvre comme garantie des besoins physiques des travailleurs, mais traduire en loi obligatoire l'exercice du droit au travail pour chacun. Eh bien; dans cette hypothèse, soit que l'on adopte le principe de l'égalité du salaire en vertu de cette formule plus généreuse que praticable : « *Devoir en proportion des aptitudes et des forces, droit en proportion des besoins,* » soit que l'on s'en tienne à la règle plus économique de la rémunération proportionnelle, selon l'activité et le talent, en faisant intervenir la responsabilité personnelle et l'intérêt individuel, tout en fixant un *minimum* correspondant aux besoins absolus et un *maximum* quant à la durée du travail, la question se résout dans tous les cas par une plus-value, plus ou moins prononcée, de la main d'œuvre. Mais cette plus-value devant nécessairement rejaillir à son tour sur les produits en général, en élève le prix de revient et par suite le prix de vente; de manière, par exemple, que si le salaire se trouve augmenté d'un quart, la vie animale et domestique sera élevée dans la même proportion, par cela même que tous les objets nécessaires au ménage devront se payer plus cher. Et il est même permis de dire que ce renchérissement dépassera beaucoup l'augmentation du salaire par le relachement inévitable dans la production, soit en raison de la réduction des heures de travail, soit par l'égalité du salaire, qui n'est autre chose que le travail à volonté sans stimulant d'activité. Où donc est l'émancipation du prolétorat si pompeusement annoncée? L'ouvrier gagnera plus, c'est indubitable; mais il lui en coûtera plus aussi pour vivre. Dès-lors je ne vois ici qu'un déplacement de valeur dans le rapport des choses, mais d'amélioration nulle part. Au contraire, je vois que l'industrie indigène, étant devenue plus coûteuse, ne pourra plus entrer en concurrence avec les industries similaires des autres nations, et que réduite à vivre par la consommation intérieure, il n'y aura d'autres moyens pour conserver ses propres marchés que de recourir au principe sauvage de la prohibition absolue. Triste nécessité pour un peuple quand il doit s'isoler et se murer chez lui comme des Chinois, sans posséder par lui-même, industriellement parlant, les éléments nécessaires à son existence et à sa conservation. Il existe entre les peuples comme entre les individus un lien de solidarité qui les rattache les uns aux autres et qui s'oppose à tout principe d'isolément; or, un système qui conduit à cette espèce de séquestration nationale, alors même qu'il serait réalisable d'ailleurs, est condamné d'avance comme anti-social, comme une négation de tout progrès, de toute perfection. Ce n'est plus de nos jours que l'on peut invoquer sérieusement l'isolation matérielle comme un principe de prospérité; les barrières douanières tendent partout à s'abaisser, les institutions politiques qui jadis séparaient et fractionnaient les peuples dans un but d'ambition féodale; les répulsions nationales, les antipathies locales, tout cela est dans sa période descendante. L'art typographique a imprimé aux esprits une impulsion qu'il n'est plus au pouvoir humain d'arrêter, et cette impulsion pousse les peuples comme les hommes vers la fusion unitaire. Par conséquent s'isoler commercialement c'est déclarer la guerre aux tendances humaines et se condamner d'avance à épuiser ses forces dans une lutte stérile.

Mais il y a plus, le principe du droit au travail, qui a pour lui au moins la sanction de l'équité, ne saurait recevoir son application par la raison toute simple que dès que le capital industriel est menacé, compromis ou atteint, il a recours à la suprême ressource de l'émigration, et le pays ainsi privé de l'agent le plus énergique de la production, le *capital*, s'appauvrirait tellement qu'une misère collossale en serait la conséquence inévitable.

D'un autre côté le droit au travail reconnu, par qui sera-t-il satisfait, je veux dire par qui les bras inactifs seront-il occupés? Par l'État évidemment. Car il n'y a que lui qui puisse être tenu à remplir une obligation collective. Il devra donc monopoliser l'industrie en vertu même de cette obligation, autrement il serait dans l'impuissance de garantir le travail à tous et à chacun selon sa profession. Nous ne voulons pas examiner ici si cette régie industrielle gouvernementale est praticable; nous disons seulement qu'elle est incompatible avec les principes de liberté individuelle par l'action disciplinaire absolue que l'État devrait établir dans ses ateliers, s'il ne veut déposer son bilan au bout de l'année. De plus, le monopole enlève à l'ouvrier la liberté d'option et le réduit à l'état d'instrument perpétuel, sans que jamais l'activité, l'intelligence et le talent ne puissent l'élever à la hauteur de l'indépendance à laquelle il a droit de prétendre. Une théorie qui efface aussi complétement les personnalités et les aptitudes, n'est pas, pensons-nous, dans la nature humaine. Disons donc pour nous résumer sur ce point, que c'est qu'on est convenu d'appeler organisation du travail, n'est qu'une généreuse utopie.

Nous n'appuyerons point notre opinion du triste exemple des ateliers nationaux français, parce qu'il faut faire ici la part des circonstances anormales sous l'empire desquelles cette création a été faite; et il y aurait injustice à oublier qu'elle l'a été à la hâte avec les débris d'une révolution et des éléments encore incandescents. Les ateliers nationaux, on l'a dit avec raison, n'ont été qu'une déplorable parodie de l'organisation du travail. S'il est vrai que cette organisation est irréalisable dans un sens général et en vue de répondre à un *droit ;* nous pensons néanmoins que des ateliers publics, bien organisés, peuvent comme établissement de prévoyance, rendre des véritables services à la société dans sa composition actuelle; mais à la condition de n'intervenir qu'à titre d'auxiliaires et sous la garantie de la responsabilité individuelle par application de cette règle : « *à chacun selon ses œuvres,* » et non à chacun selon ses besoins, comme le veut le second membre de la formule sacramentelle : « *droit proportionnel aux besoins* » qui n'est qu'un rêve philosophique bon à trouver place parmi les idéalogies romanesques. On ne peut séparer le droit du devoir ni définir le droit par les besoins ; le droit est un et égal pour tous; les besoins pris dans leurs affinités sociales sont extrêmement variables, et ne sauraient par conséquent lui servir de base sans provoquer une confusion anarchique. A cet égard Michel Chevalier se demande qui sera juge des besoins du moment que la part qui leur est faite n'a plus rien de commun avec les œuvres. Il suffit de poser la question pour démontrer les illusions attachées au système qui la provoque.

C'est pourtant sous l'influence des principes aussi fallacieux qu'on a vu naguère la France engagée contre elle-même dans une lutte épouvantable. On frémit à l'idée des terribles désordres qui seraient résultés pour la société française et peut-être pour le monde du triomphe de la dernière insurrection dont Paris a été le théâtre, et cela parce qu'elle n'avait point de programme d'édification sociale : son caractère fondamental était la promiscuité en principes et en doctrines. Des français s'entregorgeaient pour l'honneur d'une fiction ou d'un principe dont la plupart ignoraient la portée et la signification. Unie comme force destructive des obstacles communs, l'insurrection se serait divisée en arrivant au pouvoir, et les éléments hétérogènes dont elle se composait auraient nécessairement perpétué la guerre civile. Et Dieu sait le sang que cet aveuglement aurait coûté à l'humanité.

Il y a donc péril en la demeure, et à tout prix il faut trouver un remède efficace à la situation pour se garantir du cataclysme dont nous sommes ménacés.

Mais pour trouver ce remède il faut savoir remonter aux causes du mal et avoir le courage de dire sa pensée tout entière sans aucune coupable condescendance pour certaines idées en crédit. Aussi serons-nous clairs, francs et positifs dans toutes nos observations, quoiqu'il nous en advienne personnellement.

La première chose qui frappe quand on arrête sa pensée

sur le retour périodique de ces commotions politiques qui changent et modifient la forme des gouvernements, c'est que chaque concession faite à l'humanité a été arrachée les armes à la main, alors cependant qu'il était si facile d'éviter l'effusion du sang.

La raison de cette coupable ténacité, c'est que la société, telle qu'elle est encore constituée aujourd'hui, renferme deux éléments contraires, antipathiques et en perpétuelle hostilité, dont l'un tend à la pondération rationnelle des besoins légitimes et organiques de l'humanité, en se rapprochant des lois naturelles dont on lui conteste le bénéfice; et l'autre, à maintenir une déviation du grand principe d'égalité en faussant les lois de la nature au nom des lois conventionnelles. Autrement dit ceux qui possèdent trop et ceux qui ne possèdent pas assez.

Nous ne parlons pas de l'élément intermédiaire constituant la classe moyenne ou la bourgeoisie, parce que cet élément-là se trouve à peu près dans les conditions matérielles voulues par la nature, et qu'à ce titre, il est généralement neutre ou inoffensif. S'il intervient dans la lutte, c'est pour revendiquer ses droits dans l'ordre politique, prêt à renier son origine et à soutenir le riche quand il s'agit des tendances égalitaires dans l'ordre matériel.

Et ceci s'explique parfaitement par l'absence de toute espèce de solidarité entre les membres d'une société sans lien d'association, où chaque individu considère la collection comme une mine à exploiter et applique toute son activité à en extraire la plus grande somme de valeurs possible, n'importe comment, pourvu qu'il sache se tenir en dehors des prescriptions pénales. Dans cette espèce de pillerie organisée, celui qui arrive à la plus grande part de butin est réputé le plus habile et souvent le plus honnête. De sorte que les douceurs de la vie civilisée étant subordonnée à la possession, le bonheur du genre humain, dans l'ordre actuel des choses, se trouve représenté par la fortune, quoiqu'en disent les moralistes. Et comme le bonheur, qui n'est autre chose que la pleine satisfaction de nos facultés, est un principe inné chez l'homme, chacun le cherche avec ardeur. Voilà pourquoi ceux qui sont arrivés au nécessaire aspirent au superflu, et pourquoi la classe moyenne tend à se rapprocher de la classe riche. Ces tendances générales vers la richesse sont légitimes, parce qu'elles sont dans la nature; seulement au lieu de les appliquer dans un but collectif, on les dirige dans un sens individuel; de manière qu'une grande partie de l'activité humaine se trouve détournée de la production pour se disputer, par des spéculations presque toujours subversives, la plus grande part dans la somme des produits. De là richesse et pauvreté, deux termes extrêmes que l'avenir a pour mission d'équilibrer, et qui donnent la raison des perpétuels conflits qui attestent de la fausseté des principes sur lesquels repose aujourd'hui l'ordre social.

Revenons aux causes de l'antipathie naturelle de ces deux éléments extrêmes.

Ceux qui possèdent trop sentent instinctivement qu'il ne saurait y avoir de légitimité vraie dans des jouissances de superfluité qui s'achètent aux dépens du nécessaire d'autrui. On aura beau porter et formuler des lois pour protéger et perpétuer ces jouissances, la légitimité légale résultant des lois civiles ne saurait effacer l'illégitimité intrinsèque résultant du vœu de la nature et qui se révèle dans la conscience du riche chaque fois qu'il se trouve en présence du pauvre qui lui tend la main. — Et ceux qui ne possèdent pas assez, sentent et comprennent qu'ils remplissent un rôle de dupe; qu'ils sont victimes et martyrs d'un ordre de choses en hostilité flagrante avec la loi de Dieu.

Le riche voit communément dans le pauvre un être importun qui lui reproche son luxe, si pas un ennemi qui convoite sa propriété. Le pauvre à son tour considère généralement le riche comme un usurpateur qui gaspille paisiblement la part de jouissance dont il est injustement privé. Ces deux sentiments qui ont leur source dans le cœur même de la nature et qu'aucune puissance humaine ne saurait étouffer, parce que ce qui émane de Dieu ne saurait être impunément altéré par l'homme, renferment un germe de répulsion qui se manifeste tous les jours, tantôt isolément par des faits extérieurs, qualifiés d'attentats à la propriété, et dont les lois répressives ne sauraient prévenir le retour; tantôt collectivement par l'explosion violente des forces coalisées, que nous appelons révolutions. Dans le premier cas, c'est l'individualisme faussé dans sa nature, brutalisé dans son intelligence, demandant à la ruse ou à la violence la satisfaction de ses besoins méconnus. Dans le second cas, c'est le socialisme marchant vers la formule de l'équilibre humanitaire.

Et qu'on ne s'y trompe pas, la propension du sentiment révolutionnaire chez le peuple, si souvent calomniée et accusée d'amour du désordre n'est que la conséquence logique de sa longue déchéance. L'amour du désordre ici c'est le désir vague, le besoin instinctif d'un milieu plus conforme à la nature, une aspiration incessante vers son affranchissement; et nous le répétons si le peuple se passionne promptement pour toute idée de remaniement politique, cette prédilection tient avant tout à l'espoir d'y trouver une amélioration à son sort. Il a la conscience d'un vice organique dans l'assiette des lois sociales, mais il ignore le remède salutaire du mal qui le ronge. Dans ses essais divers de constitution et de gouvernement il tâtonne; il sait qu'il n'est arrivé encore qu'à des palliatifs. Le principe du mal subsiste toujours; et tant qu'il n'aura pas trouvé le véritable moyen curatif, la somme de souffrance l'emportera de beaucoup sur celle des jouissances, et la société, comme tout corps malade, sera travaillée par des convulsions périodiques, jusqu'à ce qu'enfin la science sociale soit arrivée à la formule qui doit clore le codex de ses découvertes.

Aujourd'hui la grande majorité du peuple, c'est-à-dire la catégorie des travailleurs, ceux enfin qui produisent, fécondent et fructifient les sources vitales de la nature sont, par une perturbation fatale dans l'ordre des lois rationnelles, forcément placés dans une condition d'infériorité matérielle et morale, dans un état de servage perpétuel relativement à ceux qui consomment et ne produisent rien.

Aux hommes utiles, laborieux, chargés des travaux les plus pénibles, les plus rudes sont réservés les privations, les souffrances résultant de l'exclusion de tous les avantages sociaux dont ils sont injustement et fatalement frappés.

Aux hommes oisifs, êtres parasites, frivoles, exclusivement préoccupés du raffinement des sens en multipliant les besoins acquis, appartiennent toutes les joies de la vie, l'abondance, la richesse, fruit du travail des autres; à eux toutes les satisfactions, tout le bénéfice du labeur de l'ouvrier.

Aux uns le fardeau de la production avec la misère et l'esclavage pour récompense.

Aux autres les plaisirs de la consommation avec les douceurs de l'indépendance pour prix de leur inutilité. Et pourtant les uns et les autres sont des hommes doués des mêmes facultés. Dieu les a créés avec les mêmes droits, les mêmes besoins, les mêmes obligations. D'où il faut conclure que Dieu, être souverainement bon, souverainement juste, n'a pu vouloir en ce monde cette monstrueuse inégalité entre ses enfants. Il n'a pu créer des priviléges qui blesseraient l'essence même de sa souveraine justice.

Si donc nous voyons aujourd'hui dans la société les hommes participer aux agréments de la vie en raison inverse de leurs œuvres, ce n'est pas à la nature, mais aux institutions sociales qu'il faut s'en prendre et en demander raison.

C'est à cette vérité fondamentale, trop longtemps étouffée par les sophismes des économistes et généralement pressentie aujourd'hui par les optimistes eux-mêmes, qu'il faut attribuer cette foule de systèmes et de théories socialistes que l'on voit éclore de toutes parts, et qui se heurtent, se contredisent, s'entrechoquent tout en voulant cependant marcher vers le même but. *L'amélioration du sort des classes déshéritées.* Mais malheureusement cette prodigalité de systèmes a tellement embrouillé et compliqué la science sociale par la stérilité des résultats pratiques, que chacun est armé d'une légitime défiance contre toute théorie nouvelle qui parait à l'horizon politique, et par suite toute idée neuve, quelque bonne qu'elle soit, se trouve d'avance frappée de suspicion.

Malgré cette prévention, essayons au milieu du chaos politique qui déroule autour de nous ses inombrables contradictions, de remonter aux véritables principes que nous révèle la nature, pour formuler une constitution conforme aux vœux de l'humanité, sans nous laisser abuser ni influencer par les fausses doctrines en crédit qui ont abatardi l'esprit public, et en écoutant tout simplement, sans efforts, les instincts que Dieu a placés dans le cœur de l'homme comme une boussole qui doit le conduire au but de sa destinée sociale.

L'homme en naissant apporte avec lui le droit de vivre; de ce droit inhérent à son être et que personne à coup sûr n'osera lui contester, découle comme conséquence obligée le droit de demander au sol, patrimoine commun des hommes, sa part dans les fruits nécessaires à son existence. Lui refuser cette participation aux produits du sol sous prétexte que la terre appartient à ceux qui l'occupent en vertu d'un titre conventionnel, c'est lui contester indirectement le droit sacré de vivre qu'il tient de Dieu et qui doit primer tous les autres comme n'étant que des faits postérieurs résultant du principe primordial de l'existence. D'où il suit que la nue-propriété du sol est inaliénable de sa nature : elle est indivise et appartient non aux individus en particuliers, mais à la collection, à l'ensemble des êtres créés. Les hommes ne sont et ne peuvent être que les usufruitiers de la terre, dont la possession constitue un fait et non un droit; car il ne peut y avoir de droit dans une prétention qui conduit à l'annihilation du droit de vivre. Donc le droit de propriété au sol tel qu'il a été établi par les lois civiles est entaché d'un vice radical; c'est une usurpation, un abus de la force couvert et consacré par les coutumes. Et tel est son caractère subversif que tout en restant dans la légalité, il pourrait arriver que le sol devînt la chose de quelques familles qui auraient ainsi le droit exhorbitant de rendre l'humanité entière tributaire de leurs volontés par le monopole. C'est-à-dire que le sort de la très-grande majorité des hommes dépendrait du bon vouloir de la très-petite minorité, de telle sorte que le droit de vivre consacré par Dieu et préexistant à tout autre, serait subordonné au droit de propriété foncière, consacré par qui? par l'homme!!

Cette grande aberration des hommes sur le droit de propriété au sol, qui fait la base des sociétés civilisées, est l'écueil qui a fait échouer et fera échouer toutes les tentations d'amélioration des masses, parce que ce droit fait violence à la nature et que toute doctrine que fausse les lois de Dieu ne saurait produire que mal et souffrance.

Est-ce à dire que pour reconstituer la société sur ses véritables principes, il faille dépouiller les riches au profit des pauvres et jeter la perturbation dans les familles comme dans les fortunes?

Pas le moins du monde.

Le problème à résoudre est celui-ci: « *Absorber les richesses territoriales au profit de la richesse collective, sans porter atteinte aux droits acquis et tout en respectant le droit de propriété légale.*

Ce problème tout insoluble, je dirai presque, tout paradoxal qu'il paraisse au premier aspect, reçoit cependant une solution mathématique dans la constitution humanitaire. Nous prions donc le lecteur, à quelque opinion qu'il appartienne, de ne point se laisser dominer ici par les préventions hostiles qui s'attachent en général aux écoles dissidentes. Nous demandons qu'on ne forme son jugement, qu'on n'asseoit sa conviction qu'après un examen consciencieux et impartial de la théorie entière.

Reconnaissons d'abord cette loi de suprême prévoyance, d'immuable sagesse du Créateur, qui a placé à côté du règne animal le règne végétal comme source de satisfaction de ses besoins. Or, les fruits de la terre répondent-ils et suffisent-ils aux exigences de nos organes? L'affirmative est hors de toute discussion. Dès-lors il faut convenir que les hommes possèdent de par la nature tous les éléments de bonheur compatibles avec leurs facultés physiques; mais c'est à la condition de respecter les lois de la Providence; de ne point abuser de la force pour fausser l'équitable répartition des revenus territoriaux. De là les principes généraux qui règlent, à l'égard de l'homme, la distribution normale de la propriété commune. « Car il est clair, dit quelque part un publiciste, que le droit » individuel au fonds commun est primitivement égal pour » chacun, puisque chacun a l'égal droit de se conserver et de » se développer ; qu'ainsi ces droits égaux se limitent mutuel- » lement, et qu'en outre ils sont tous limités par le devoir, qui » comprend les rapports d'individu à individu en tant qu'ils se » doivent l'un à l'autre, et des individus au tout, à l'unité so- » ciale et à l'unité humaine; à quoi, pour embrasser complète- » ment la loi, il faut joindre encore les rapports de l'humanité » à la création entière, rapports d'où résultent pour elle et pour » chacun de ses membres des devoirs réels envers les autres » êtres, même les plus imparfaits, car tous doivent être, tous » ont leurs droits comme tous ont leurs devoirs, et l'ensemble » de ces devoirs et de ces droits constitue, au sein de la na- » ture, la suprême législation de l'ordre et de la vie. »

Du jour donc où l'homme a poussé l'audace jusqu'à substituer sa volonté à la loi de Dieu en décrétant le droit individuel de propriété au sol, il a violé le grand et sain principe de la fraternité humaine, interverti l'ordre de la nature et créé le premier germe de l'égoïsme, devenu le seul pivot des actions des hommes, comme il est leur seule garantie de conservation au milieu du fractionnement et du morcellement des intérêts, car les nécessités de la vie physique lient l'individu à des préoccupations personnelles plus ou moins exclusives.

Hâtons nous ici de répudier la maxime brutale du citoyen Proudhon *que la propriété c'est le vol.* Le vol c'est la soustraction frauduleuse de la chose d'autrui. Or, celui qui par son travail et ses économies a amassé un certain capital et qui, sous la foi des lois qui régissent la société, le consolide par l'achat d'une propriété foncière, ne commet certes point un vol; il accompli un acte très-légal et très-licite quant à lui. L'illégalité n'est pas dans le fait de l'acquisition; elle existe dans le principe antérieur sous l'empire duquel elle est effectuée.

La propriété du sol n'est point le vol, c'est une possession illégitime dans son essence, que la société a pour devoir de faire cesser, mais à la condition cependant d'indemniser les possesseurs actuels, comme possédant de bonne foi et légalement.

La maxime Proudhon devient plus monstrueuse encore appliquée à la propriété personnelle. Ici elle consacre ellemême le vol, car elle tend directement à dépouiller l'homme laborieux du fruit de son travail au profit du fénéant. Autant vaut organiser le pillage tout de suite on arriverait au même résultat.

Le sol à personne, mais le fruit à tous. Telle est la grande, la véritable maxime sur laquelle repose le salut de la société humaine et dont nous allons démontrer la légitimité intrinsèque et parcourir les bienfaits.

Nous savons à quoi s'expose celui qui a le courage de proclamer une vérité qui paraît attentatoire au principe du droit de propriété. Nous disons *paraît* parce qu'au fond notre théorie respecte le droit de propriété; mais de la propriété légitime, acquise par ses œuvres, et non de la propriété illégitime usurpée par déviation du droit collectif. Notre respect pour la propriété cesse où commence l'usurpation. Et nous disons que tant que le droit de propriété individuel s'étendra au sol, tant que le peuple s'inclinera devant cet apothègme menteur, ce dogme impie de l'usurpation légale, la société politique n'arrivera jamais à réaliser cet immuable principe de justice, qui veut que le bien être matériel soit le prix du travail et non la récompense de la paresse. Nous acceptons d'avance toutes les conséquences de notre franchise, toute la responsabilité de nos idées sociales que les uns taxeront de rêveries, de chimères, d'utopie ; que les autres proscriront comme une doctrine subversive, voir même un attentat à l'ordre public. On peut critiquer notre œuvre, accuser nos intentions, calomnier nos sentiments, mais on ne détruira point nos convictions, et encore moins les vérités sur lesquelles elles reposent.

Nous avons dit que notre respect pour la propriété cessait à cette limite où commence l'usurpation. Cette pensée a besoin d'explications :

Il faut distinguer chez l'homme deux sortes de besoins :

1° Les besoins absolus ou naturels;

2° Les besoins relatifs ou artificiels.

Les besoins sbsolus sont ceux indispensables à l'entretien de la vie. Ils constituent dans le chef de l'individu *un droit.*

Les besoins relatifs ou acquis sont ceux que donne le raffinement des sens, et que l'on peut supprimer sans compromettre l'existence. Ils ne constituent qu'une *faculté.*

Le droit doit être respecté, protégé et satisfait par la société ou l'État.

La faculté, au contraire, ne lui impose aucune obligation; elle doit être abandonnée à l'activité individuelle dont elle est le plus énergique ressort. Or, la vie humaine ne peut être sauve-gardée que par la garantie des besoins absolus basée sur le droit collectif au sol. Aujourd'hui que cette garantie n'existe pas la vie de l'homme est souvent mise en péril par l'empiétement des besoins acquis des uns sur les besoins absolus des autres : des créatures humaines meurent de faim à côté d'autres qui nagent dans l'abondance. Cela est affreux;

mais ne doit étonner personne dans une société marâtre où l'inégalité de possession est préexistante à l'égalité des droits de chacun. Nous voulons dire où la plupart des hommes en naissant ne trouvent plus un pouce de terre sur le globe créé pour tous; comme si Dieu avait manqué de prévoyance et n'avait pas harmonisé les lois de la production végétale avec celles de la production animale! Heureux que l'air et le soleil ont été mis hors de la portée des hommes, on n'aurait pas manqué sans doute d'y établir aussi un droit de propriété individuel!

Nous ne sommes pas de ceux qui prétendent qu'à la société politique appartient le devoir d'équilibrer les appétits inhérents à la nature de l'homme. La collection ou l'État, être abstrait, ne saurait absorber ni annihiler la responsabilité individuelle. Chacun ici bas doit répondre de ses œuvres et en supporter les conséquences. C'est là un principe immuable de justice sans lequel aucune société n'est possible.

Mais l'État doit à chacun de ses membres la garantie de ses besoins absolus auxquels Dieu a pris soin de pourvoir, même sans le secours de l'homme. Là doit s'arrêter son intervention, les abandonnant à leurs propres forces pour tout ce qui touche à leurs besoins relatifs. Cette obligation de l'État qui n'est autre chose que la protection légale de l'universalité sur la fraction ou la sécurité publique organisée par voie préventive au lieu de l'être par voie coërcitive, et dont l'oubli a conduit à des si monstrueux résultats, n'est réalisable qu'en rentrant dans la vérité, dans l'unité du droit collectif au sol; et l'exercice de ce droit collectif appartient essentiellement à l'État, par application de la première loi naturelle : *égalité de droits par égalité de facultés.*

Il n'en est pas de même des besoins relatifs. Ceux-ci nés de l'industrie de l'homme doivent trouver leur satisfaction par cette industrie. Chaque homme doit donc apporter au sein de la société son activité individuelle ou l'application plus ou moins intelligente de ses facultés productives comme source de son bien être ou de l'entière satisfaction de ses facultés absorbantes; et comme cette activité n'a pour stimulant que l'aspiration vers le bonheur, le fruit de cette activité doit être garanti à chacun sous peine d'injustice et de fausser la seconde loi naturelle : *égalité d'obligations par égalité de besoins.* De là le droit de propriété individuel aux choses mobilières, c'est-à-dire aux produits de l'industrie comme conséquence logique, obligée de cette loi.

Celui donc qui par son industrie, son activité et son intelligence parvient à acquérir de la richesse, doit pouvoir jouir de cette richesse, comme de la récompense légitime de ses œuvres. Porter atteinte à ce droit, sous prétexte d'en renfermer l'exercice dans certaines limites, ou d'en détourner le cours au profit de la collection, comme le veut le communisme absolu, ce serait la tyrannie collective organisée contre l'individu, comme le droit de propriété immobilière est la tyrannie individuelle organisée contre la collection. Ce que l'homme a produit est sa chose, c'est sa propriété personnelle, et il n'y a point de considération qui puisse l'en dépouiller. La fortune acquise légitimement doit donc être sacrée pour tous. D'où il suit que les fortunes mobilières sont transmissibles par voie de donations entre vifs et par dispositions testamentaires.

Il est incontestable en effet que le droit de propriété renferme celui de disposer de la chose comme on l'entend. Ce principe reconnu, admis, il faut en accepter les conséquences, c'est-à-dire la liberté de disposer de sa fortune dans la plus large acception du mot. Mais si l'homme n'a point manifesté ses intentions à cet égard avant sa mort, il est présumé s'en être rapporté à la sagesse de la loi sur l'emploi de sa fortune. La loi vient alors au nom de la société et en vue des intérêts sociaux régler la succession *ab intestat.*

Dans l'ordre actuel des choses où l'enfant ne trouve aucune garantie réelle d'éducation, aucune institution tutélaire qui le protège contre les éventualités de l'abandon ou de l'incurie forcée de la pauvreté, qui est malheureusement le lot du plus grand nombre, le familisme, comme unique foyer de solidarité doit avoir pour point d'appui l'hérédité à tous les degrés. L'être collectif aujourd'hui sans obligations directes vis à vis de l'individu, ne peut enlever à la famille le droit de succession et se substituer aux héritiers pour recueillir en leur lieu et place les héritages, tout en lui laissant les charges de l'élévation et de l'éducation des enfants. Mais dès que l'État, expression de la force et de l'unité, offrira à l'enfance, expression de la faiblesse, l'appui matériel que réclame le développement progressif de ses facultés, non en se substituant à la famille, mais en venant en aide à celle-ci par des internats nationaux gratuits créés en vue de diriger l'activité humaine vers sa véritable destinée productive, et où tous les enfants sans distinctions de classes, de rangs ou de fortunes seront admis et élevés dans des principes d'amour et de fraternité, alors le système d'hérédité légale cessera d'être une nécessité de famille pour devenir un droit collectif; mais ce droit collectif respecte le vœu de la nature en laissant à l'homme la liberté absolue de disposer de ses biens en faveur des êtres qu'il affectionne. On ne fait aucune violence à sa volonté ; on s'en rapporte à sa raison.

La transmission du droit de propriété doit donc résulter de la volonté de celui qui le possède, Si cette volonté n'est pas exprimée le droit retourne à sa source primitive, parce qu'il est présumé alors que le défunt n'a point rencontré dans ses proches les soins et les amitiés auxquels il avait droit et qui seuls justifient l'hérédité; à moins qu'il ne s'agisse de mort subite, auquel cas la volonté du défunt est présumée en faveur de ses héritiers.

Le principe du droit de propriété et d'hérédité aux choses mobilières, conforme à la loi naturelle, l'est également aux exigences sociales et industrielles, parce que la richesse personnelle proprement dite, ne pouvant résider désormais que dans les valeurs mobilières dont l'éparpillement et l'extrême mobilité n'en rendent la possession possible que par intervention directe et personnelle, chacun s'attachera à l'industrie et y appliquera toute son activité en vertu de cette loi providentielle qui a placé dans le cœur de chaque homme un désir insatiable de bien être, comme un aiguillon permanent qui le pousse sans cesse vers le luxe. Mais comme le luxe ne peut s'obtenir que par le capital, et le capital mobile, le seul qui soit personnel, étant le résultat du travail, le travail deviendra ainsi forcément, progressivement, et sans secousse, le partage de cette portion ruineuse de la société qui a perpétué jusqu'à nous, par un monstrueux privilège territorial, le sybaritisme dans le parasitisme. Une fois reconnu que le capital, source du confortable, ne peut se développer et étendre ses bienfaits que par le travail, il va sans dire que tout ce qui tend à élever le capital doit être encouragé comme intrinsèquement et essentiellement bon, utile, fructueux. Tout ce qui tend à le restreindre doit être évité comme vicieux, délétère. Voilà pourquoi le riche-né, c'est-à-dire, celui qui possède aujourd'hui dans le capital général une part disproportionnée avec ses besoins, sans y avoir en rien contribué, vit aux dépens de ce capital et constitue dans la communauté humaine une cause d'appauvrissement. Cela est si vrai que si tous les membres de la société adoptaient pour un an seulement l'existence stérile des riches oisifs, c'en serait fait de l'humanité. Témoin d'ailleurs l'Irlande, pays classique des fortunes territoriales fabuleuses et des faméliques : sur une population de 6 1/2 millions il y a cinq millions de pauvres! Aussi qu'arrive-t-il aujourd'hui dans ce malheureux pays, c'est que l'excès de souffrance l'a conduit à un tel dégré d'effervescence qu'on y voit des journaux quotidiens ouvertement prêcher l'abolition du droit de propriété individuelle, même sans aucune indemnité pour les propriétaires légaux, et des clubs s'organiser partout sous la forme de Meetings pour arriver au triomphe de ces doctrines, même par la force, comme seul moyen de salut. L'*United Irisman*, et après lui l'*Irisch Felon* attaquent le droit de propriété comme des énergumènes, avec cette fureur du désespoir qui conduit toujours au-delà du but en voulant réparer une injustice par une injustice. Enfin l'état de ce pays est si alarmant que l'Angleterre, ordinairement si calme en présence des dangers politiques, tremble de l'attitude menaçante qu'a prise l'Irlande, au point que le gouvernement Britannique a cru devoir demander d'urgence des pouvoirs extraordinaires pour suspendre ses garanties constitutionnelles, afin de pouvoir comprimer l'agitation qui se manifeste sur tous les points du territoire, pouvoirs que la chambre des communes lui a accordés, dans sa séance du 22 juillet 1848, avec une sorte d'acclamation et en violant tous les usages parlementaires.

Ceci confirme cette grande vérité que le cercle des besoins acquis ne peut grandir qu'en proportion de l'élévation du capital général, autrement il s'étend pour les uns aux dépens des besoins absolus des autres. Cela revient à dire que du luxe des uns découle la pauvreté des autres, si la richesse publique ou la production générale est en période décroissante ou même stationnaire.

Au point de vue de la famille, le droit collectif au sol, loin de porter atteinte à l'institution du mariage, loin de lui enlever sa consécration, sa garantie, fortifie les liens conjugaux par les douceurs du bien être qu'il répand au foyer domestique. Il est bien entendu que nous parlons de la majorité et non de quelques riches propriétaires. Pour peu que l'on ait exploré l'asile des ouvriers et observé leur intérieur et leurs mœurs, on aura pu se convaincre que la cause originaire de toutes les querelles de ménage, gît dans le manque du nécessaire, et que le plus grand nombre de familles séparées de fait, le sont par suite de leur pauvreté.

Sans parler de ces 10,000 familles des Flandres que la misère à presque toutes dispersées en jetant les parents dans les dépôts de mendicité, les hôpitaux ou les prisons, et les enfants dans les colonies agricoles et ailleurs, voyons ce que devient la famille du travailleur laborieux dans le système qui nous régit : Supposez un ménage normal composé du père, de la mère et de trois enfants de un à dix ans. Ces cinq personnes devront trouver leur substantation par le travail du père seul, que j'estime à trois francs par jour, si c'est un bon ouvrier; car la mère devant soigner le ménage et les enfants, ne peut se livrer à aucune occupation lucrative. Or, comment cette famille vivra-t-elle avec cette chétive ressource? Le calcul est facile à faire, et chacun comprendra qu'il y a ici impossibilité matérielle à donner satisfaction aux besoins de la communauté, même en admettant l'hypothèse fort douteuse d'un travail permanent et continu. Dans cette condition précaire, qui est celle de la généralité des ouvriers et qu'on peut appeler misère relative, s'il survient un chômage, une maladie ou tout autre accident qui arrête ou suspende le cours ordinaire du travail, voilà la famille aux prises avec le fléau de la misère extrême, et pour peu que cet état continue elle est forcée de chercher un refuge à la Cambre. Or, la Cambre c'est la séparation, la dissémination de la famille.

Admettons maintenant l'existence de la garantie des besoins absolus par le droit collectif au sol, cette même famille n'aurait point dû, dans les mêmes conditions, chercher son salut dans la séparation, d'abord parce que les enfants se trouvant élevés dans l'*internat* national, n'occasionnent aux parents aucune dépense, aucun sacrifice; en second lieu, la mère, libre de ce côté, peut consacrer une grande partie de son temps au travail productif, ce qui augmente d'autant les ressources de la communauté; puis enfin père et mère jouissent, indépendamment du salaire de leur travail, de leur minimum respectif, autre ressource qui les abrite contre toute éventualité de chômage. Voilà donc une famille unie, heureuse par cela seul que la misère ne peut plus venir s'asseoir à son foyer.

Les enfants sortent-ils de l'internat, loin de devenir une charge pour leurs parents, ils leur apportent la double ressource de leur minimum et de leur travail, et le double agrément d'une bonne éducation et d'habitudes laborieuses.

Envisageant la question sous une autre face, il faut reconnaître que dans l'état actuel des choses, le mariage par inclination mutuelle est l'exception; généralement la question de sentiments est subordonnée à la question financière; on ne voit dans le mariage qu'une affaire d'intérêt; on se marie par spéculation, et ça s'appelle, dans le langage corrupteur de la civilisation, *mariage de raison;* mais le *mariage d'amour,* lui, est ridiculisé. Voilà comment quand le vice s'est une fois infiltré dans les institutions sociales, le *faux* est honoré et le *vrai* bafoué. A la vérité si on se préoccupe peu des rapports sympathiques, qui constituent pourtant l'essence du mariage et sur lesquels repose le bonheur conjugal; par contre, on ne perd pas de vue les successions en perspective, ni les chances plus ou moins certaines de les recueillir; on a soin, avant de passer le contrat, de bien inventorier la fortune présente et éventuelle de son ou sa fatur, et les démonstrations d'amour suivent d'ordinaire le chiffre qu'elle représente. Mais qu'arrive-t-il de cette duperie? Que la vie intérieure ne tarde pas à mettre les antipathies en présence et que la plupart des mariages deviennent des foyers de discorde; d'où naît l'adultère avec toutes ses conséquences.

Si des classes inférieures et intermédiaires on remonte aux classes opulentes, on retrouve la même hypocrisie dans le mariage. Là indépendamment des convenances de fortunes on recherche les alliances des grands noms, double obstacle au triomphe de la vérité dans le mariage; aussi est-il généralement reçu parmi les *gens comme il faut,* d'avoir à côté de sa femme légitime ce qu'on appelle vulgairement *une maîtresse.* Ceci prouve qu'on ne viole jamais impunément les lois de la nature, et que là où on veut comprimer les sentiments du cœur on arrive presque toujours à violer les lois sociales quand celles-ci sont vicieuses et en hostilité avec le sentiment naturel. Nous savons bien que le mariage légal n'en existe pas moins, et cela peut suffire à ceux qui se contentent du mot et non de la chose. Mais nous qui voulons la vérité et la sincérité dans le mariage comme partout ailleurs, nous disons que lorsque chacun jouira de sa part proportionnelle dans les revenus territoriaux, et que personne n'aura à redouter la misère, on sera moins tenté de sacrifier ses affections pour assurer sa vie matérielle, et le mariage cessera d'être un impudent mensonge.

Ce n'est que dans les hautes régions où il continuera à être faussé par les préjugés du blason; mais comme les préjugés ne sont au fond qu'une sorte de duperie de l'esprit, il est permis d'espérer que la raison humaine finira par en faire justice et que là aussi les allians des sexes seront déterminées par la seule impulsion sympathique qui doit être la souveraine loi du mariage.

Qu'on cesse donc de craindre pour l'existence du mariage dans le système du droit collectif au sol, car s'il est un remède qui puisse arrêter le développement du dévergondage, c'est bien celui qui affranchit les sentiments du cœur de la tyrannie de l'intérêt personnel et enlève ainsi à la prostitution sa cause la plus active et la plus générale.

Il convient de rencontrer ici une autre objection sur le développement de la concurrence que l'on pourrait redouter de l'extension de l'élément producteur par l'application progressive au travail des bras aujourd'hui inactifs; car le droit de propriété une fois limité à son véritable objet, les richesses mobilières grandiront en proportion de l'extinction des fortunes territoriales. Bien des gens se diront en effet : mais si tout le monde doit travailler et produire, que fera-t-on des marchandises, puisque déjà nous avons vu les Anglais aller chercher une querelle d'Allemands aux Chinois pour leur fourrer leur trop plein, et qu'aujourd'hui tous les efforts du gouvernement d'Europe tendent à se créer des débouchés afin de prévenir le chômage de leurs fabriques par l'écoulement des produits? Rien de plus spécieux au fond.

Toutes les écoles sont d'accord pour reconnaître que la condition du peuple est misérable ; qu'il ne consomme pas en aliments, vêtements, chauffage, mobilier, habitation, le quart de ce qu'exigerait une existence modeste. Michel Chevalier, que nous ne citons comme autorité en sciences économiques, que sous le rapport de ses données statistiques, estime que la production en France ne va pas au tiers de ce qui serait nécessaire pour élever la condition matérielle des masses populaires au niveau de ce bien être au-dessous duquel il ne conçoit ni liberté ni dignité. Le problème de l'amélioration populaire, dit-il, ne peut se résoudre que par un grand développement de la production. Nous ajouterons, nous, que ce n'est là qu'un côté de la solution : Il ne suffit pas d'étendre la production pour éteindre le paupérisme qui décime les populations ; il faut avant tout trouver les moyens de rendre les produits accessibles à tous. Là est la question capitale ; car, qu'importe l'étendue des approvisionnements si le peuple est réduit à les contempler sans pouvoir y toucher.

Or, si à côté de l'encombrement des magasins en produits de tous genres, on considère cette masse d'hommes, de femmes et d'enfants en guénilles, le simple bon sens ne suffit-il pas pour faire comprendre que la cause de l'anarchie industrielle réside non dans l'exubérance de la population, mais dans la pauvreté des masses qui ne peuvent en moyenne, se procurer le nécessaire que dans la proportion de 1/5 de leurs besoins ? Ce n'est donc pas dans la concurrence qu'il faut chercher l'explication de la décadence industrielle ; c'est dans cet ordre de choses qui aujourd'hui condamne les 3/4 de la population à souffrir des privations de toutes natures, et qui tend sans cesse à étendre le domaine déjà si vaste de la misère. Et comme tout est lié dans l'économie sociale il va de soi que l'industrie doit péricliter en raison du rétrécissement du cercle de consommateurs. Du jour donc que chacun sera mis en possession d'un minimum garanti ; que la misère aura fait place à l'aisance, la consommation générale des produits ne laissera plus à la concurrence le temps de déprécier, d'avilir la main-d'œuvre. La rapidité de l'écoulement sera en raison du nombre des consommateurs et entraînera forcément l'activité manufacturière; car nous posons en fait que si tous les membres de la société consommaient seulement la moitié de ce qui constitue un bien être décent, c'est tout au plus si toute l'activité industrielle et agricole du pays pourrait y satisfaire. Qu'on cesse donc de déclamer contre la concurrence, de s'alarmer du prétendu engorgement des produits; et au lieu de s'évertuer à chercher des débouchés aux Indes, qu'on s'occupe de trouver le moyen de les placer dans le pays où la grande majorité des individus marchent encore nu-pieds et ne possèdent pas même une chemise de rechange.

Nous savons bien qu'il ne manquera pas de gens pour affirmer que ce n'est pas par la division du droit de propriété qu'on pourra arriver à remplacer la misère par l'aisance; nous devons avouer qu'ils auraient parfaitement raison s'ils croyaient ou prétendaient obtenir cette transformation radicale du jour au lendemain. Il n'y a que la main de Dieu pour opérer des pareils prodiges. Quant à nous, faibles mortels, nous ne venons pas comme tant de charlatans politiques promettre des miracles et mystifier le lecteur. Nous demandons au concontraire l'aide du temps pour affranchir les travailleurs de l'étreinte de la misère qui les abrutit; mais nous prouverons tout à l'heure par des chiffres que dès la première année de la mise en vigueur de la constitution humanitaire on pourra apprécier ses bienfaits, d'abord par l'adoption successive des enfants pauvres dans les internats nationaux au grand soulagement des parents, qui, outre une diminution de charges y trouveront encore la possibilité d'élever leurs ressources en consacrant au travail le temps qu'ils donnaient et devaient à leurs enfants : double avantage qui améliorera d'un tiers la condition matérielle des ouvriers. Ensuite, par la suppression complète et immédiate des impôts et octrois grevant les denrées alimentaires.

Ce premier résultat dont l'immense bienfait n'échappera à personne et qui suffirait déjà à lui seul pour justifier le système qui le réalise, n'est pourtant que le premier terme d'une progression croissante qui, améliorant annuellement et sensiblement le sort physique de l'individu, ne s'arrêtera que lorsque la garantie de ses besoins absolus sera complète, entière.

Au nombre des autres objections que l'esprit stationnaire des optimistes ne manquera pas d'élever contre cette doctrine, c'est que la garantie d'un minimum obligatoire pour chacun tout en laissant le travail facultatif, renferme en soi une prime d'encouragement à la paresse, en ce que l'homme n'ayant plus à s'occuper de ses besoins absolus, préférera le far-niente au développement de ses besoins relatifs qu'il ne peut satisfaire que par le travail.

C'est une bien grande erreur de placer le moteur de l'activité industrielle dans l'aiguillon du besoin. Le travail n'ayant de l'attrait que par les avantages qu'il procure, il est clair que plus ses avantages sont réels plus l'amour du travail se développera; plus ils sont stériles et plus il s'éteindra. Aujourd'hui que l'ouvrier en dépassant même les limites de ses forces et de son activité ne peut arriver tout au plus qu'au strict nécessaire, le travail pour lui est ingrat décourageant : plus il travaille, plus il s'épuise et moins il avance. Accablé dans le présent par la misère, inquiété dans l'avenir par le chômage qui menace toutes les branches d'industrie, sans espérances, toujours malheureux, toujours esclave, faut-il s'étonner que l'ouvrier cherche souvent dans les illusions de l'alcool des diversions à ses tourments, ou déserte un travail qui ne lui procure pas même le moyen de réparer les forces qu'il y emploie? Et quel remède la science économique a-t-elle su prescrire à ce mal? — L'épargne! Parler épargne à des hommes qui n'ont pas de pain! C'est plus que de la sottise c'est de l'ironie. Faites d'abord qu'ils puissent se donner le nécessaire et parlez des établissements de prévoyance ensuite. Car il est vraiment pitoyable de voir qu'en présence de l'avilissement croissant du salaire tous les efforts pour l'amélioration du sort de l'ouvrier aboutissent en dernière analyse à une mystification. L'épargne !

Sans doute les caisses d'épagne sont de bonnes institutions; elles inspirent des sentiments d'ordre et d'économie à ceux qui peuvent en profiter. Mais quels sont ceux qui en profitent en général? Des domestiques, des gens à gages, de petits rentiers et par ci par là quelques ouvriers exceptionnellement favorisés : tous gens dont les besoins absolus sont sauvegardés. Ceci prouve que lorsque l'homme est cautionné pour ses premiers besoins, lorsqu'il a derrière lui un point d'appui pour sa vie matérielle, il est généralement plus rangé, plus actif et plus laborieux. C'est parce qu'alors seulement il commence à gouter les avantages et à jouir du fruit de son travail. Il ne vit plus au jour le jour, il est en avance sur l'avenir par le capital, et à mesure que ses ressources grandissent, grandit aussi son courage. Arrivé au bien-être il voudra s'élever à l'aisance et de là monter à la richesse. C'est l'amour de la possession se développant par la possession même. Là est la seule, l'unique loi de toute activité industrielle.

Bien loin donc que l'homme sera détourné du travail par la jouissance d'un minimum assuré, il y sera, au contraire énergiquement poussé par les avantages directs et personnels qu'il y trouvera; car du moment que le travail n'a plus à satisfaire qu'aux besoins relatifs, il devient attrayant en ce qu'il aggrandit la sphère du bien-être et répand autour de lui les bienfaits du capital dont il prend le caractère et réalise les jouissances.

Mais au moins dira-t-on, les industries répugnantes, tels que le curage des cheminées, des égouts, des fosses d'aisance, le transport des immondices; les industries dangereuses, telles que l'extraction des minérais en général, la fabrication du blanc de céruse, etc. cesseront de trouver des bras pour les desservir, car quel est l'homme qui sera assez niais pour exposer et compromettre sa vie ou se livrer à des occupations dégoutantes, s'il se trouve d'ailleurs abrité pour ses besoins absolus?

Pour répondre à cette objection nous n'invoquerons point la grande loi attractionnelle de Fourier, à l'aide de laquelle il sait, *théoriquement*, trouver des agents pour toutes les fonctions quelque ingrates qu'elles soient. La seule attraction qui puisse vaincre les répugnances et les dangers ici, ce sont les avantages pécuniaires attachés à l'exercice de ces métiers repoussants et homicides. Il est indubitable que la constitution d'un minimum garanti, en élevant et améliorant la condition matérielle des masses populaires les rendra plus difficiles dans le choix des professions; mais comme ce choix est généralement déterminé par le prix de la main d'œuvre, il faudra que les industries dont il sagit offrent à leurs ouvriers, en raison de leur nécessité absolue, un salaire assez élevé pour qu'ils y trouvent une juste compensation aux inconvénients dont elles sont entourées. Ainsi, par exemple, un ramoneur de cheminées qui vit aujourd'hui misérablement, n'ayant le plus souvent qu'un crouton de pain et un méchant grabat pour prix des services qu'il rend à la société par un métier préservatif des incendies, verra dans le système de la garantie, son gain augmenté de trois quarts au moins, par la raison bien simple que sans cette amélioration équitable il désertera le ramonage comme un état stérile et ingrat. Il préféra s'en tenir à son minimum que de remplir un rôle de dupe, et il aura parfaitement raison. De même les mineurs et les carriers ne pourront être retenus à leur besogne que par une élévation de salaire correspondant à l'amélioration générale. La reconnaissance du droit collectif au sol n'entraînera donc point la suppression de ces industries exceptionnelles faute d'agents pour leur exploitation; mais elle aura pour conséquence immédiate une rémunération réparatrice pour cette classe de parias aujourd'hui voués à la misère pour récompense de leurs pénibles et utiles travaux. C'est là un bienfait que la constitution humanitaire réalise par la seule impulsion de son action vivifiante et rationnelle. Et tel est l'enchaînement des choses ici bas qu'une fois entré dans la voie du bien, le bien se succède, se répand et s'élève partout comme par enchantement. *Il n'y a que le premier pas qui coûte.*

Un autre avantage attaché à la garantie d'un minimum, c'est l'indépendance réciproque des individus les uns à l'égard des autres. Rien ne consolide mieux les rapports sociaux, n'élève plus la dignité personnelle que l'indépendance effective de l'homme vis-à-vis de ses besoins absolus. Nous avons tous pu faire cette expérimentation que dès qu'une question d'intérêt est soulevée entre deux amis, il y a danger de rupture. C'est que généralement les amitiés s'effacent aussitôt que l'intérêt personnel est en jeu. Sur ce terrain là chacun se met en garde ou se tient sur la défensive; et dans le fait *l'exclusivité* de ce sentiment, qu'on me passe le néologisme, ne doit point susprendre dans la société actuelle où faute d'une garantie positive et collective du droit de vivre chacun est forcé, par un sentiment naturel de conservation, le plus fort, le plus général et le plus impérieux de tous les sentiments, de sacrifier au moi matériel toutes les autres affections.

Il y a, nous le savons, des beaux exemples d'abnégation et de désintéressement, mais ces exceptions ne détruisent point la règle. Les hommes subissent généralement l'empire de cette loi de l'intérêt personnel, et cette loi est tellement incarnée dans le cœur humain qu'on la retrouve partout, au pied comme au sommet de l'échelle sociale. Or, une fois que le droit de conservation sera assuré à tous, au moyen d'un minimum, les hommes ne seront plus obligés de descendre à des actes souvent blâmables pour disputer leur existence aux besoins impérieux inhérents à leur nature, et par suite la défiance qui les tient aujourd'hui plus ou moins à distance, n'ayant plus sa raison d'être, s'évanouira devant cette conviction générale que désormais l'amitié ne peut plus devenir onéreuse pour personne, mais bien profitable à tous.

Ainsi, tenons pour loi fondamentale, pour symbole de vérité et de justice :

Que la propriété foncière, œuvre de Dieu, appartient à l'universalité des êtres créés : elle est indivisible et immuable comme l'humanité au service de laquelle elle a été affectée et dont elle doit garantir les besoins naturels et vitaux ;

Que la propriété mobilière, œuvre de l'homme, est essentiellement personnelle : elle est destinée à donner satisfaction aux besoins acquis, en raison directe du dégré d'activité de chacun.

L'une, comme propriété commune, doit être administrée par l'État; l'autre, comme propriété particulière, doit être régie et exploitée en toute liberté par les individus.

C'est à la confusion de ces deux principes essentiellement distincts, qu'il faut attribuer l'anarchie sociale dans laquelle le monde se débat depuis tant de siècles en mettant aux prises le droit collectif avec le droit particulier. En vain les lois politiques ont-elles essayé d'assurer la paix intérieure en élargissant le cercle des prérogatives civiques; elles n'ont pu aboutir qu'à une trève. Et rien à coup sûr ne prouve mieux la fragilité de la raison humaine, quand elle se place à côté du vœu de la nature, que l'impuissance des efforts qu'elle a tentés pour asseoir l'ordre sans l'appui homicide du glaive. C'est assez dire que ce n'est point dans la forme politique du gouvernement qu'il faut chercher le salut du genre humain, mais dans le retour aux lois positives et rationnelles qui rattachent la créature à la création. Personne n'a mieux compris cette vérité que Fourier. Partant du principe que tout ce que Dieu a créé a sa raison d'être, au lieu de comprimer les passions, de fausser les instincts de l'homme à l'instar des moralistes, il les accepte franchement, les développe et trouve dans leur libre manifestation, la haute harmonie sociale ou l'image de la souveraine sagesse.

Au point de vue de l'état social actuel, où les passions sont généralement subversives, il est clair que les résultats de leur libre jeu seraient aussi subversifs; et nous comprenons que la société, par un sentiment de conservation, se montre défiante, et s'arme contre l'abus possible d'un principe intrinsèquement bon, mais qui peut devenir funeste par une fausse direction, en s'appuyant sur des garanties d'ordre plus ou moins restrictives des libertés naturelles. Vouloir s'imprimer d'emblée cette appréhension légitime de la société contre le triomphe absolu des lois naturelles, c'est vouloir son suicide. Les passions humaines doivent, comme des vagues qui, arrêtées par un obstacle, débordent et inondent les champs, avoir le temps de rentrer dans leur lit avant de reprendre leur cours naturel. Voilà pourquoi à côté du minimum obligatoire, garantie de la vie individuelle, il faut placer le principe de l'autorité collective, garantie de la vie sociale. Ces deux termes se limitent et se complètent l'un par l'autre. Ils peuvent se rapprocher à mesure que les obstacles au libre développement des passions s'effaceront par l'agrandissement progressif du capital social; mais ils ne sauraient jamais s'identifier jusqu'à réaliser l'idéal de la perfection rêvé par Fourier. Tâchons de réaliser le bien en marchant vers le possible : c'est la voie la plus sûre pour atteindre au but.

Nous arrivons enfin à la solution pratique, où sans doute le lecteur nous attend avec impatience pour voir comment nous tiendrons nos promesses.

C'est ici le moment de rassurer la foule de propriétaires à divers titres, en possession du sol, contre l'idée d'une expropriation brutale. Les biens qu'ils occupent ou qu'ils exploitent, ils continueront à l'habiter, à l'exploiter, s'ils le désirent; on leur en concède le droit; mais seulement en qualité de locataires. La valeur de ces biens sera, d'après l'estimation cadastrale, ou tout autre mode d'appréciation à déterminer, convertie en rentes viagères au profit des propriétaires et leurs descendants jusqu'à la quatrième génération et par amortissement d'un quart par génération. Par exemple, celui qui possède en biens fonds une fortune de 200,000 francs, peut compter, impôts et charges déduits, sur un revenu net de 2 1/2 p. %, soit 5000 francs. Au lieu de recevoir cette somme de ses locataires, qui souvent ne le payent pas, ou lui donnent des embarras, lui créent des difficultés, il sera inscrit au grand livre de la dette publique et n'aura à faire qu'à l'État, qui lui payera régulièrement ses revenus par trimestre. A sa mort ses héritiers succédent, selon leurs droits respectifs, à son inscription, réduit à 3750 francs, par amortissement du quart au profit de l'État. Ces 3750 francs bien qu'éparpillés et fractionnés subissent dans leur ensemble, en passant à la troisième génération, une nouvelle réduction proportionnelle par amortissement du second quart de la succession primitive. Donc les petits-fils jouiront ensemble d'un revenu de 2500 francs. Enfin les héritiers de la quatrième génération, en qui s'opère l'extinction de la dette publique, du chef de redevance d'hoirie, jouissent du dernier quart de la succession bisaïeule.

En poussant le droit de succession au sol jusqu'à la quatrième génération, on respecte le sentiment naturel jusqu'à la limite où l'affection s'éteint; car au-delà du bisaïeule il n'y a plus que des souvenirs, et ce n'est certes pas à des souvenirs qu'il peut être permis de sacrifier les intérêts de l'humanité. C'est déjà une grande concession de restreindre ainsi le droit collectif par ménagement d'un droit particulier dérivé de l'usurpation. D'ailleurs, qu'on n'oublie pas qu'il s'agit ici du sol, c'est-à-dire de la garantie des besoins absolus du genre humain, et que la plus entière liberté est laissée aux individus de disposer de leurs fortunes mobilières selon le vœu de leur cœur.

Ce système donne satisfaction à tous les intérêts sans froisser aucun droit positif, tout en affranchissant le sol de la piraterie qui en a fait la chose de la minorité au détriment du plus grand nombre.

En effet, vis-à-vis des propriétaires actuels, les seuls en qui il faut respecter les droits acquis, il y a rachat complet par la constitution de rentes au taux proportionnel de la valeur cadastrale de leurs immeubles. Ils jouissent de leur avoir comme par le passé; ils y gagnent même le rapport des non-valeurs qu'il faut estimer, en moyenne, à 1/25 de la valeur totale. Les besoins acquis des riches ne reçoivent donc aucune atteinte : l'opulence au milieu de laquelle ils ont été élevés, et qui est devenu pour eux une nécessité relative, leur est conservée. Et certes, c'est là un grand acte de tolérance, si on se rappelle que le droit de propriété au sol est en soi illégitime, et qu'à ce titre la dépossession en est légale. A ceux donc qui crieront à la dépossession forcée, à l'arbitraire, nous répondrons que pour être dépossédé il faut d'abord avoir possédé; que le sol n'ayant pu être possédé que par usurpation du droit collectif, on pourrait à la rigueur faire cesser l'usurpation sans aucune indemnité; que loin cependant d'user de ce droit légal, légitime, on procède par voie de rachat et non par dépossession; car la dépossession consiste dans la privation des avantages attachés à la possession légitime. Or, ici on maintient ces avantages aux propriétaires actuels en leur garantissant leurs revenus territoriaux. On va même plus loin en continuant ces revenus jusqu'à la quatrième génération, dernière limite de l'affection, sans que l'on puisse invoquer en faveur des trois générations héritières, le principe des droits acquis.

Remarquons ici que l'État devant à chacun un minimum comme garantie de ses besoins absolus, ce mimimum, insuffisant d'abord, grandira progressivement par l'extinction successive des rentes de rachat, de telle sorte que la 5e génération privée de tout droit de succession au sol, entrera en pleine jouissance des revenus territoriaux.

De plus, il importe de tenir compte de l'instabilité des fortunes personnelles qui si souvent vient bouleverser des familles et ruiner des individus. Combien ne voyons-nous pas aujourd'hui de ces inégalités matérielles dans la position de frères, de sœurs, primitivement égaux en fortune, et dont l'un a prospéré et roule en carosse, et l'autre, rétrogradé et demande l'aumône. Combien ne voyons-nous pas de gens, riches aujourd'hui, pauvres demain. Et ce ne sont pas là des exceptions; il est même peu de familles qui ne présentent pas des exemples de pareilles contrastes. Sans doute ces inconstances de fortunes procèdent souvent des fautes personnelles; mais elles sont très-souvent aussi le résultat de malheurs involontaires et immérités; et tel qui lègue une brillante fortune à son fils, n'est pas sûr que ce fils ne mourra pas de besoin au sein de la misère. La fortune personnelle n'implique donc point une garantie absolue pour l'avenir de celui qui la possède et encore moins pour celui de ses enfants. D'où il suit que les riches eux-mêmes sont intéressés au triomphe de ce système qui, par un minimum garanti en faveur de tous, donne à chacun une parfaite sécurité, non-seulement pour soi, mais pour sa postérité, du moins en ce qui concerne les besoins absolus, la société n'étant pas tenue et ne pouvant être obligée à la réparation des fluctuations qui surviennent dans le cercle des besoins relatifs : Tout ce qu'elle peut garantir, c'est que désormais plus un seul être humain ne mourra de faim; personne ne sera réduit à tendre la main ni à implorer la charité pour sauver sa vie. Aux yeux des sybarites, habitués à mener une vie voluptueuse, un pareil résultat peut paraître fort mesquin; et nous avouons que pour eux la garantie d'un minimum de 55 centimes par jour, par exemple, ne doit pas leur présenter une brillante compensation de la perte de leur opulence; mais il s'agit ici de l'humanité prise dans sa généralité et non dans son exception. L'État assure du pain à tous, des truffes à aucun.

C'est ainsi que sans secousse, sans violence, l'humanité rentrera dans la voie normale de sa destinée fraternelle. Car, se sachant privés de tout droit individiel au sol, les gens riches, au lieu d'habituer leurs enfants à l'oisiveté, à des occupations frivoles, parasites, les pousseront à l'industrie, à l'agriculture, dirigeront leurs facultés vers la production comme voie de bien-être et de richesse. Et cette transformation rationnelle, humanitaire, se fera insensiblement, sans blesser aucune susceptibilité, sans coërcition et par la seule force des choses, appuyée qu'elle est par une transition de quatre générations. Alors l'ouvrier, qui, aux yeux du riche-né, n'est pas aujourd'hui un homme, mais une machine, un instrument créé à son service, deviendra son collaborateur, son égal; les préjugés de castes, les orgueilleuses distinctions de races auront fait place au grand principe de fraternité proclamé par le Christ, si longtemps, si vainement rêvé par les philosophes et si infructueusement pratiqué par les différentes écoles socialistes qui ont voulu essayer l'application de leurs doctrines, sans avoir compris la règle du droit général au sol et du droit particulier à ses produits, basée sur le *droit* de vivre et sur la *faculté* personnelle de vivre à sa guise. Alors les fortunes n'écheoiront plus, comme aujourd'hui, au plus heureux, mais au plus méritant.

Quant aux locataires actuels, leur position reste la même : ils ne changent que de propriétaires. Il en est de même des emphytéotes, des usufruitiers, des créanciers hypothécaires et généralement de tous les contrats relatifs à la propriété, dont l'entière exécution est garantie. Tous les intérêts sont respectés; chacun conserve ce qu'il possède et en jouit paisiblement sous la constitution nouvelle comme sous les lois actuelles. Il n'y a donc pas à s'alarmer d'une doctrine qui sans rabaisser les grands élève les petits et tend à l'égalité dans le bien être et à généraliser le bonheur, aujourd'hui le partage de quelques privilégés.

On peut objecter que celui qui, par exemple, vend sa propriété aujourd'hui et en place le produit sur hypothèque et en réalise la valeur, pourra ainsi transmettre à ses héritiers l'intégralité de sa fortune, tandis que son voisin qui aura conservé sa propriété, subira dans sa postérité le principe d'amortissement. Oui, cela est vrai, mais l'État ne peut, pour prévenir ces conversions de propriétés, atteindre les créances hypothécaires qui généralement sont le fruit du travail et de l'épargne. Les capitaux mobiles sont d'ailleurs propriété personnelle, et à ce titre doivent être respectés. Il faut au surplus ne pas perdre de vue qu'à mesure que le système de la division du droit de propriété s'étendra dans l'esprit public, à mesure que l'on comprendra mieux la légitimité et la praticabilité du retour du sol à l'État, à l'être collectif, la propriété foncière perdra de sa valeur relative en vue de ce retour futur à son origine; et il arrivera un temps qui est proche de nous, où chacun voudra s'en défaire à tout prix dans l'éventualité d'une dépossession plus ou moins rapprochée, et en raison même de cette éventualité, les acquéreurs deviendront tellement rares et le prix des propriétés tellement bas que les propriétaires préféreront les conserver et jouir des revenus par rachat général, qui sera dans tous les cas moins onéreux que l'aliénation. Les conversions des propriétés foncières en propriétés mobiles seront donc devenues matériellement impossibles à l'époque où l'esprit public sera prêt à recevoir et à consacrer le dogme du droit de propriété collective au sol, et ainsi les placements sur hypothèque échappent à toute suspicion de fraude.

Le principe du minimum admis, fera-t-on des distinctions d'âges et de sexes pour le graduer suivant les besoins respectifs des individus, ou sera-t-il uniforme pour tous? On peut dire en effet, que puisque le minimum est destiné à garantir les besoins absolus, pour être logique il faut qu'il soit proportionnel à ces besoins; car il est claire qu'un enfant de 2 ans, par exemple, ne peut avoir les mêmes besoins d'un homme de 30 ans. Cela est vrai, pris dans le sens absolu de la substantation physique; mais il faut ne pas oublier que si l'enfant consomme moins, matériellement parlant, il possède outre le droit rigoureux de conservation, celui du développement de ses facultés pour l'accomplissement de sa fin sociale, d'où naît par lui des frais d'éducation et d'apprentissage qui complètent si même ils ne dépassent le taux des besoins absolus de l'homme fait. A l'égard des sexes on ne pourrait non plus établir des distinctions quant à la fixation du minimum sans tomber dans des appréciations fort arbitraires. Les droits de la femme sont d'ailleurs, sous ce rapport tout à fait identiques à ceux de l'homme et par conséquent la distinction n'a pour elle l'appui d'aucun principe vrai, rationnel. Par suite, l'égalité du minimum *pour tous* doit être admise comme règle invariable de l'application du droit égal, uniforme et indivisible de chacun.

En second lieu, les rentes de rachat seront-elles aliénables, seront-elles saisissables? — Oui, parce que la rente de rachat est propriété personnelle et comme telle elle est transmissible et doit servir de gage à l'exécution des contrats chirographaires. Toutefois l'aliénation ne peut être absolue. A la mort du vendeur la rente retourne à ses héritiers. La raison de cette restriction est qu'il faut concilier les droits individuels avec les droits sociaux. Le droit individuel ici c'est la liberté de pouvoir tirer parti de son avoir en réalisant le capital représenté par le taux de la rente dont on jouit, et par la durée présumée de sa jouissance d'après l'âge du rentier, soit dans un but d'entreprise, d'exploitation, de voyage ou soit pour aller se fixer à l'étranger, etc.

Le droit collectif c'est que les rentes de rachat ayant été poussées jusqu'à la quatrième génération par respect pour les sentiments naturels, il importe que ce principe reçoive son exécution, autrement la concession n'aurait point de justification. D'ailleurs, si l'aliénation pouvait se faire d'une manière intégrale et absolue, celui par exemple, qui n'aurait point d'héritiers légitimes, pourrait frustrer l'État en vendant son droit à un père de famille qui le transmettrait ainsi à ses descendants et la règle de l'amortissement se trouverait faussée en ce que l'État servirait des rentes indues. De plus, par la conversion du droit de propriété au sol en rentes on a enlevé aux héritiers une certaine garantie par la mobilisation des fortunes, qu'il y a convenance à leur compenser en leur assurant la jouissance d'une part dans la fortune territoriale de leur auteur.

Mais, dira-t-on, comment l'État fera-t-il face à tant d'obligations; où puisera-t-il les ressources nécessaires pour payer les revenus du sol, les frais d'élévation, d'entretien et d'éducation des enfants, le minimum obligatoire de chacun, etc.?

Nous allons résoudre cette question par des chiffres : rien n'est plus concluant que la précision mathématique.

L'ensemble des propriétés immobilières en Belgique représente d'après l'estimation cadastrale, une valeur de près de 19 millards.

Dans cette somme l'État intervient pour un chiffre de 3 millards comme propriétaire du domaine public, comprenant les chemins de fer, les routes et canaux, les forêts, les édifices publics, etc.

Les provinces et les commune pour une somme de. 1,750,000,000

Et les particuliers ensemble pour une somme de. 14,250,000,000

Vis-à-vis des provinces et des communes le principe du rachat consiste à payer en échange des propriétés qu'elles possèdent les charges dont elles sont grevées et qui, prises dans leur ensemble, sont estimées s'élever aux deux tiers de la valeur desdites propriétés; car, il n'y a point ici de filiation à observer ni de sentiments naturels à respecter. La règle de l'amortissement ne peut être que la stricte exécution des engagements pris sur la foi des ressources positives que ces propriétés renferment. Le principe de l'hérédité est remplacé dans ce cas par la subrogation de l'État aux administrations locales pour l'exécution des contrats vis-à-vis des créanciers communaux et provinciaux qui sont ici les seuls et véritables héritiers, dont il faut respecter les droits en accomplissant scrupuleusement les obligations contractées à leur égard.

Cependant s'il arrivait qu'une province ou une commune était engagée au-delà de la valeur de ses propriétés, l'État ne serait lié vis-à-vis des créanciers communaux et provinciaux que jusqu'à concurrence de la somme représentée par le rachat de ses immeubles, sauf à la commune ou à la province obérée à parfaire à ses obligations à l'aide d'un impôt exceptionnel, car l'État ne saurait être tenu au payement des dépenses faites en vue et au profit exclusif d'une localité sans froisser en même temps l'intérêt des autres localités, les ressources de l'État appartenant à tous et devant profiter à tous également sans faveur ni privilège.

A l'égard des communes dont la richesse territoriale dépasserait les charges, la différence en plus ne peut ni ne doit profiter à telle ou telle fraction, mais à la collection qui seule peut légitiment posséder le sol, comme en qui seule réside le droit de propriété foncière.

Ainsi donc le tiers des propriétés provinciales et communales est de 584,000,000 francs, dont le rapport peut être estimé en minimum à 3 p. c. Ci. . . . fr. 17,520,000

Quant aux propriétés particulières, elles se divisent en deux parties distinctes ; savoir :

1° Les propriétés bâties, représentent une valeur de 7,500,000,000 francs rapportant, en moyenne 6 p. c. ; soit une valeur locative de. 450,000,000

2° Les propriétés non bâties, formant une valeur globale de 6,750,000,000 francs, et produisant un intérêt de 3 p. c., ce qui fait une valeur locative de. 202,500,000

Total des loyers ou revenus territoriaux. 670,020,000

A cette somme il faut ajouter à titre de produits indirects ; savoir :

1° Droits des douanes. (Cette recette devra disparaître progressivement par l'abaissement successif des droits d'importation.) 12,000,000

A reporter. . . 682,020,000

Report. . .	682,020,000
2° Accises sur les boissons distillées. (Point de droits sur les sel ni sur le sucre.)	10,500,000
3° Droits de garantie des matières d'or et d'argent.	1,250,000
4° Produits des canaux et rivières. . . .	3,500,000
5° Produits des barrières.	1,850,000
6° Produits des postes.	3,500,000
7° Produits des chemins de fer.	20,000,000
8° Recettes diverses du domaine. . . .	1,500,000
Total général des recettes.	724,120,000

Voyons maintenant quelles sont les charges de l'État.

A. Les rentes de rachat du sol aux trois classes de propiétaires; savoir :

1° A ceux qui possèdent une fortune de 3 millions et plus, représentant ensemble une valeur da 1,525,000,000 francs, calculés à raison de 1 1/2 p. c., soit.	22,875,000
2° A ceux dont la fortune varie de 1 à 3 millions et possédant ensemble une valeur de 3,800,000,000 à raison de 2 p. c., soit. . .	76,000,000
3° A ceux dont la fortune est inférieure à un million, jouissant ensemble d'une valeur de 8,925,000,000 à raison de 2 1/2 p. c., soit.	223,125,000
Total des rentes de rachat.	322,000,000
B. 3/4 p. c. du capital des propriétés bâties du chef des grosses réparations.	37,500,000
C. 1/50 dudit capital, à titre de non valeur pour les propriétés inoccupées; soit. . . .	15,000,000
D. Frais d'entretien, d'élévation et d'éducation de 300,000 enfants admis dans les internats nationaux, calculé en moyenne, à 120 francs par tête et par an.	36,000,000
A reporter. . .	410,500,000

Report. . .	410,500,000
E. Frais d'entretien et soins de 10,000 vieillards et infirmes, non encore admis dans les hospices à 250 francs par tête et par an. . .	2,500,000
F. Le budget annuel des dépenses générales, tel qu'il existe aujourd'hui. (Nous prouverons tout à l'heure qu'il pourra être réduit à 50 millions sans altérer en rien la marche régulière des services publics.)	118,000,000
Total général des dépenses.	531,000,000
Il reste donc à partager en les 4 millions d'habitants, déduction faite de ceux admis dans les internats et les hospices une somme de. .	193,120,000

pour leur part dans les revenus territoriaux; soit environ 50 francs par tête pour la première année.

Nous devons faire remarquer que ce dividende sera encore augmenté de la part acquise à l'État par amortissement du quart des décès éventuels des rentiers dans le cours de l'année, et de la totalité des rentes de ceux morts sans postérité. Et comme la progression des décès est en raison des âges, il est facile de comprendre que chaque année l'extinction des rentes de rachat, élèvera rapidement le minimum de chacun, au point qu'au bout de dix ans il sera plus que doublé.

Or, si modeste que soit ce minimum à son début, quelle immense ressource ne serait-ce pas pour une famille composée par exemple, de cinq personnes qu'un revenu de 250 francs? Ajoutez-y le produit de leur travail, qui sera, comme nous l'avons démontré, très-actif et très-productif par l'élévation du bien être général qui agrandit nécessairement le nombre de consommateurs et par l'impossibilité d'immobiliser les capitaux par hypothèque ce qui les obligera à chercher leur placement dans l'industrie; et plus il y a des capitaux roulants mieux fonctionnent les manufactures et par une conséquence nécessaire moins il y a des bras inactifs. Et qu'on nous dise si le système de la répartition des revenus fonciers n'est pas le souverain remède contre le fléau du paupérisme.

Eh, quoi! diront les *exploitants*, toujours à l'affut d'objections contre toutes théories d'émancipation des *exploités*, est-ce bien sérieusement qu'on veut chasser le paupérisme par le fractionnement et l'éparpillement des fortunes territoriales. Oublie-t-on que par la constitution d'un port d'usufruit du sol au profit de la *canaille*, on lui fournit les moyens de dépenser au cabaret le temps qu'elle doit à son travail; et qu'ainsi loin d'aider la famille de l'artisan on favorise les tendances à l'ivrognerie et avec elle le développement de la pauvreté? Qu'on se garde bien d'accorder à la basse classe une ressource aussi dangereuse pour sa santé que compromettante pour l'ordre public, et qui n'aurait d'autre avantage que celui d'enrichir les distillateurs.

Nous avons déjà rencontré l'objection au sujet de la prime d'encouragement à la paresse, et nous ajouterons que ce langage hypocrite reçoit tous les jours un démenti par l'admirable conduite et la sublime résignation des travailleurs. Est-ce que le samedi quand l'ouvrier perçoit son salaire court-il le dépenser au cabaret? Est-ce que généralement ces courageux et laborieux artisans ne viennent-ils pas avec un touchant empressement apporter à leurs ménagères la chétive rémunération de la semaine? Mais en admettant qu'il y ait par-ci par-là un emploi abusif du dividende territorial, ce serait l'exception et jamais l'exception ne peut infirmer la règle, car s'il était permis d'attaquer un principe par l'abus exceptionnel qu'on peut en faire le scepticisme serait le seul système rationnel. D'ailleurs, l'abus, s'il se présente, sera toujours renfermé dans les limites d'un trimestre et par conséquent avec un caractère essentiellement temporaire. Supposez un individu qui, après avoir reçu son minimum le dissipe et se retrouve quelques jours après en présence de ses besoins absolus sans moyen de pouvoir y satisfaire, seul, il supportera la peine de son inconduite, car il ne trouvera plus dans la crédulité publique le secours de la charité, chacun sachant que la misère cette fois est le fait de celui qui la subit, et ce sera avec raison qu'on y attachera alors une sorte de réprobation publique, tandis qu'aujourd'hui cette réprobation est cruelle en ce qu'elle atteint l'innocent. Frappé d'un abandon mérité, celui qui aura dissipé son minimum sera moins tenté, à l'échéance du trimestre suivant de subir les mêmes privations et les mêmes disgrâces, et si contre toute attente il ne se corrigeait pas, à chaque faute, à chaque dissipation périodique il retrouvera logiquement la même punition, sans que la société dût intervenir ou s'en occuper le moins du monde.

Au surplus nous avons déjà démontré ailleurs que le relâchement de l'ouvrier, tient non-seulement à son ignorance intellectuelle, à son défaut ou insuffisance d'instruction, mais avant tout à l'état précaire de sa misérable condition qui le place constamment entre la misère relative et la misère absolue, et qui finit par engendrer chez lui une sorte de découragement; mais que généralement lorsque l'artisan se trouvait appuyé par un capital, si minime qu'il soit, il ne tardait pas à élargir le cercle de son activité industrielle.

Il reste donc vrai de dire que le minimum garanti au lieu de limiter la production, aura pour conséquence directe et immédiate une recrudescence dans le travail général, et par suite, une augmentation notable dans la richesse sociale.

Un autre point qu'il importe de faire ressortir, c'est que le capital agricole, affranchi désormais de tout impôt direct et indirect, le prix des denrées alimentaires s'en trouvera abaissé d'au moins un quart, et la vie animale devenant ainsi moins coûteuse, le minimum en acquiert une plus-value qui élève d'autant sa valeur relative; c'est-à-dire, qu'une somme de 100 francs correspondra alors à 125 francs.

Prouvons maintenant que la machine gouvernementale loin de se compliquer par l'administration générale du fonds commun sera, au contraire, simplifiée par la suppression des rouages qui enrayent son action, absorbent ou détournent une grande partie de sa force distributive et productive. On pourrait croire assez facilement, en effet, que les frais généraux de l'administration publique devront être considérablement augmentés par suite de la gestion par l'État de la propriété foncière. Rien pourtant de moins fondé.

Le personnel des receveurs de contributions au lieu d'être chargé comme aujourd'hui du recouvrement des impôts, percevront des loyers. On comprend en effet que du moment que les propriétés immobilières appartiennent à l'État, le système des impôts s'évanouit, car en imposant la propriété il grèverait sa propre chose, tout en la dépréciant, nominalement; et il est de son intérêt bien entendu de décharger la propriété de toutes les contributions qui s'y attachent sous tant de formes, parce qu'il va de soi que le prix des loyers s'en ressentira par une hausse proportionnelle à l'abolition des impôts. D'ailleurs, il faut bien se pénétrer que l'impôt se paye généralement contre cœur, par la raison que celui qui paye ne reçoit pas en échange de la somme qu'il donne un avantage équivalent directement appréciable; aussi le recouvrement ne s'en fait-il que par l'emploi des moyens coërcitifs, pour un tiers au moins. Il n'en est pas de même du loyer; ici on jouit directement et par soi des avantages de l'habitation : on paye une jouissance directe, appréciable, et par cela même on le paye sans regret. Aussi le recouvrement du loyer sera-t-il infiniment plus facile que celui des impôts, et loin d'augmenter le nombre de receveurs il y aura plutôt lieu à le diminuer.

Quant à la surveillance des propriétés pour leur entretien et leur bonne conservation, l'État fera ce que font les propriétaires aujourd'hui; il stipulera ses garanties pour le bon usage des immeubles loués. Ils imposera aux locataires l'obligation de l'entretien locatif, et il chargera ses ingénieurs de faire des inspections annuelles ou semestrielles pour s'assurer si les conditions des baux sont fidèlement remplies. On devra à cet effet réorganiser le corps des ponts et chaussées et élargir le cercle de ses attributions, de manière qu'avec les agents des bâtiments civils, il ne forme qu'une seule et grande division, chargée de l'application du code architectural.

Nous entendons par code architectural, une loi organique posant les conditions hygiéniques et monumentales auxquelles doivent être soumises toutes les constructions et habitations comme garantie de salubrité publique, de sécurité, d'ordre et de régularité. Cet objet a trop d'importance pour être abandonné à la réglementation arbitraire du pouvoir exécutif, qui, pour tout ce qui touche à la vie matérielle de l'homme, est demeuré au-dessous de sa mission. Partout où la vie physique de l'individu est en cause il faut avoir soin de procéder par des mesures de garantie positives, car la sollicitude du pouvoir exécutif est trop souvent exposée à se fourvoyer dans des préoccupations politiques presque toujours stériles. Il n'y a pas, pensons-nous, dans tout ce qui se rapporte à l'usage de l'homme, une partie qui offre une plus grande anarchie que celle des habitations, tant par leur aspect extérieur que par les vices et les défectuosités intérieures. La plupart des pauvres et des ouvriers habitent encore aujourd'hui des véritables tannières où ils étouffent à défaut d'air. Ces constructions homicides faites pour se défendre contre les exigences du fisc qui, par ses impôts sur les portes et fenêtres, enlèvent aux malheureux l'air et la lumière, deux éléments indispensables à la vie, existent encore sur toute l'étendue du territoire, et particulièrement dans les grandes villes où on voit le peuple relégué dans des ruelles étroites et croupir dans les bouges infectes qui les obstruent. C'est ce qui a fait dire naguère à l'Assemblée nationale de France, qu'on avait trop oublié quelle puissance de moralisation possèdent les douceurs et le bien être du foyer domestique, et que quand les pauvres ouvriers pourront se loger bien et à bon marché, ils seront moins tenté de faire leur domicile de la place publique.

Il n'est pas sans importance de faire remarquer ici que

lorsque le peuple sera en possession d'un minimum; que conséquemment ses ressources seront plus étendues, il se logera plus convenablement. Par suite, la non-valeur de 1/25 pour propriétés inhabitées sera réduite au moins à 1/50. L'État fera pour utiliser les habitations ce que les propriétaires actuels ne font que très-exceptionnellement : il les louera par quartiers et même par appartements, tout en laissant cependant aux locataires de maisons entières la faculté de sous-location pour leur compte et à leurs risques et périls.

La régie foncière par l'État présente donc, sous le rapport économique, des avantages tout aussi positifs que par rapport au sort matériel de l'individu. On a vu dans l'exposé des dépenses générales, que nous avons maintenu intact le chiffre de l'énorme budget de 118 millions, qui soulève de si légitimes et de si énergiques réclamations. Nous l'avons maintenu parce que nous ne voulons pas que l'on puisse nous reprocher d'avoir fait des calculs illusoirs pour grossir le minimum en vue de séduire la multitude par des espérances chimériques. Nous voulons au contraire pour les *dépenses* aller plutôt au-delà et pour les *recettes* rester en deçà de la réalité, afin de n'offrir que la seule chance d'élever la richesse collective.

Cependant en admettant notre système, nous prouverons que sur ce budget écrasant de 118 millions, l'État peut très-facilement opérer une économie de 68 millions. Et ce n'est pas là une vaine allégation dénuée de tout élément de démonstration, c'est une appréciation mathématique qui a pour elle l'appui irréfutable des chiffres, et dont la vérification est à la portée de tous ceux qui possèdent les premières notions du calcul.

Commençons par l'armée.

Toute dépense faite par l'État doit être justifiée par une somme d'avantages au moins équivalente à celle dépensée. Si elle est inférieure la dépense est onéreuse, et comme telle elle doit être évitée. L'armée, considérée au point de vue économique et dans ses rapports avec les lois générales du socialisme, constitue un corps essentiellement absorbant et parasite; c'est un élément subversif qui affecte le capital social aux dépens duquel il achète son existence. En temps de paix, l'armée n'ajoute rien aux éléments de richesse d'un pays, et en temps de guerre elle ne peut que les déplacer ou les détruire, mais dans aucun cas elle ne les produits ni les développe. C'est donc sous tous les rapports un instrument radicalement stérile et souvent dangereux, qu'il faut tendre à supprimer comme contraire à la loi immuable de la prospérité sociale, qui veut que tout corps absorbant soit producteur. Or chez nous l'appareil militaire au sein de la paix, absorbe plus à lui seul que toute l'administration civile et judiciaire! Et quels sont au moins les avantages que la société retire de cet immense sacrifice? L'ordre, la sécurité intérieure et le maintien de la nationalité, diront nos hommes politiques, mots magiques à l'aide desquels on est parvenu à faire accepter comme institution normale *la conscription*, cette loi attentoire à la plus inviolable des propriétés, celle du moi humain, qui, certes, est autrement sacrée que celle de la matière, et qui consiste à arracher une partie de la nation de sa destinée productive pour la convertir en instrument de contrainte à l'égard de l'autre partie.

Cependant au milieu d'un ordre ou plutôt d'un désordre social où les intérêts sont généralement divergens et en hostilité, on conçoit, jusqu'à un certain point, la nécessité d'une force active, pour contenir, pour comprimer les éléments flottants qui se froissent dans leurs évolutions irrégulières et désordonnées. Mais dès que ces éléments seront ramenés à la stabilité par la garantie d'un minimum pour chacun, l'ordre public trouvera son principe dans la constitution même de ce minimum, parce que partout où règne la justice règne l'ordre, et de l'ordre naît la sécurité pour tous. Cette vérité devient plus évidente encore quand on considère que partout où a éclaté le désordre il venait d'en bas. Pourquoi? — parce que ceux qui n'ont rien n'ont aucune chance de perte et espèrent même y gagner. C'est le contraire qui a lieu dans le système du minimum pour tous. Chacun là est intéressé directement au maintien de l'ordre, l'ordre étant dans ce cas productif pour tous en ce que les dividendes territoriaux seront d'autant plus élevés que les frais généraux le sont moins. D'où il suit que le désordre, toujours stérile et improductif, sera évité par pur intérêt personnel. Dès lors, l'armée telle qu'elle est organisée aujourd'hui, devient sans objet et partant sans utilité sociale, quant à l'intérieur.

Pour ce qui concerne le maintien de la nationalité, il est prudent peut-être de posséder un corps conservateur, chargé de faire respecter les droits de gens, jusqu'à ce que le développement de la raison humaine soit arrivé à l'unité politique par la fédération générale des États et par la garantie du minimum universel. Et nous devons ici nous rendre ce témoignage consolant que la force morale étend chaque jour son empire; on commence à comprendre que l'art militaire ou stratégique est, comme la science pénitentiaire, une déviation, une dépense subversive de l'intelligence et de l'activité humaines, et on peut dire sans risque de se tromper, que du jour où l'humanité sera en possession d'un minimum d'entretien c'en sera fait de l'existence des armées, images vivantes de la force brutale. Aussi, le corps conservateur des droits des gens doit-il avoir une organisation industrielle et militaire, de manière à servir d'instrument de transition et à ne dépenser aucune de ses forces vitales en pure perte comme le fait l'armée au grand détriment des contribuables. Il doit se recruter par des engagements volontaires, personne ne pouvant, contre son gré, être soumis à un régime exceptionnel.

Il ne faudra pas s'étonner de rencontrer ici un grand nombre de contradicteurs intéressés à la conservation des abus qui ruinent la société; mais pour les gens impartiaux et de bonne foi, l'organisation de ce corps mobile ne présente aucune difficulté sérieuse; car il n'y a rien d'incompatible entre le travail productif et la discipline militaire. Rien n'est même plus facile que de l'organiser de manière à ce qu'il réponde parfaitement au double but que l'intérêt social lui assigne. Par exemple, sans parler des constructions nouvelles que l'État devra faire exécuter sur plusieurs points du territoire, on a vu que la dépense annuelle pour grosses réparations s'élève à la somme de 37,500,000 francs. L'État ne pourrait-il faire exécuter une partie de ces travaux par des travailleurs enrégimentés par escouades et compagnie de métiers, lesquels seraient en outre exercés périodiquement à des évolutions militaires? — Pour les bâtisses on compte dix professions différentes qui pourraient être embrigadées comme suit :

1re Compagnie	— Briquetiers;			
2e id.	— Maçons et aides ou manœuvres;			
3e id.	— Ménuisiers et charpentiers;			
4e id.	— Serruriers et plombiers;			
5e id.	—	1re Section	— Peintres;	
		2e id.	— Tapissiers;	
6e id.	—	1er id.	— Plafonneurs et blanchiss.	
		2e id.	— Couvreurs et vitriers.	

Ces six compagnies formeraient un bataillon industriel qui aurait son siége dans l'arrondissement et serait logé dans une caserne appropriée à ses travaux. Le cadre de ces compagnies doit être composé de surveillants et contre-maîtres aptes à diriger les travaux comme à commander l'exercice. Il devrait y avoir un bataillon par arrondissement ce qui constituerait un régiment par province. Un demi jour serait pris par semaine pour les exercices militaires, et si cela ne paraît pas suffisant à ceux qui ne voient de salut pour le peuple que dans la précision des évolutions mécaniques des armées, rien n'empêche que les six bataillons soient réunis deux ou trois jours par trimestre pour les exercices régimentaires, et que les différents régiments soient en outre réunis en un camp une fois tous les deux ans pour les grandes manœuvres de lignes.

Ces soldats de la truelle et du marteau pourraient être détachés dans les différentes communes de leur arrondissement respectif pour y exécuter les travaux de réparation ordonnés par les ingénieurs ou architectes de l'État, les seuls compétents et responsables pour tout ce qui est relatif aux travaux publics; mais pour tout ce qui est purement militaire ils ne relèvent que de leurs chefs immédiats dont l'action dans la surveillance et la direction des travaux conserve son principe disciplinaire.

Indépendamment de ces neuf régiments d'infanterie, spécialement destinés à l'entretien des grosses réparations, il convient de posséder quatre régiments de défricheurs et agriculteurs, militairement des artilleurs et chasseurs; plus deux régiments de terrassiers et paveurs (mineurs, pontonniers, etc.).

Quant à l'arme dispendieuse de la cavalerie, deux escadrons par province suffisent comme auxiliaires aux travailleurs, pour le transport des outillages et des matériaux du magasin centrale de l'arrondissement dans les communes où ils peuvent être nécessaires. Ces deux escadrons seraient détachés par pelotons dans chaque arrondissement où ils serviraient en outre d'estafettes pour la transmission des ordres et relieraient ainsi par un service régulier et permanent toutes les fractions de l'armée industrielle éparpillées dans les communes avec l'état-major du bataillon du chef-lieu de l'arrondissement, ceux-ci avec l'état-major du régiment de la province, et enfin les provinces avec l'état-major général.

Ces différents corps, reliés entr'eux par une organisation disciplinaire et hiérarchique, constituent l'armée mobile, qui ne doit apparaître comme instrument militaire qu'en cas de danger extérieur; mais le danger extérieur, on peut le dire sans se bercer d'illusions, devient de plus en plus chimérique, les tendances générales portant les gouvernements comme les individus à vider leurs différends par la voie de la raison plutôt que par la voie des armes. Les peuples savent que la paix c'est le triomphe de l'esprit sur la matière, que dans la guerre ils sont dupes ou victimes. Les avantages de la paix sont *positifs;* ils reposent sur la progression et le développement de la richesse colective par l'application de l'activité humaine aux arts et métiers. Les avantages de la guerre sont *négatifs;* ils s'achètent pour les vainqueurs aux dépens des vaincus. La portion qui profite aux uns diminue d'autant la possession des autres, sans compter la stérilité de la dépense d'activité faite pour arriver à cette négation.

Et puis qu'on ne l'oublie pas, en cas de danger national, l'armée mobile aurait pour auxiliaire toute la garde civique, dont on a eu tort de chercher à ridiculiser les services quand il a fallu trouver des arguments pour prouver la nécessité du maintien de l'armée. Le maintien d'une armée permanente en vue d'une éventualité presque impossible ou du moins fort douteuse, est un acte de prudence qui ressemble beaucoup à une de ces fantaisies ruineuses des pouvoirs absolus qui se complaisent volontiers dans le faste militaire comme dans l'attribut de leur puissance. Sans doute il ne faut pas distraire les citoyens de leurs travaux par des servitudes militaires, et nous reconnaissons que si la garde civique était appelée à remplir à elle seule le service de garnison, on rencontrerait bien des difficultés, bien des répugnances. Mais nous disons que les frontières menacées, seule elle suffirait pour les défendre, parce que les intérêts étant convergents vers l'unité du droit collectif est matériellement liés par la garantie individuelle et générale, chacun se trouve personnellement intéressé à défendre le pays comme il est intéressé à défendre son propre foyer, car le pays est la propriété commune de ses habitants, tous en jouissent et y sont attachés en raison des bienfaits réels qu'ils en reçoivent. L'amour de la patrie n'est plus une vaine fiction, une duperie sentimentale, c'est désormais une réalité physique qui lie chaque citoyen au sol qui le nourrit; ce n'est donc plus la politique ou la loi qui fera mouvoir les masses ici, c'est le dévouement alimenté, stimulé par l'intérêt direct. Par conséquent l'intégrité du territoire peut et doit être confiée au patriotisme de tous les citoyens, comme à eux aussi doit être confié le maintien de l'ordre intérieur, qui sera, on l'a déjà vu, très-facile, la constitution humanitaire répudiant toute occupation stérile, et les causes de désordre ayant d'ailleurs disparu avec les incertitudes de la vie matérielle.

Un point essentiel sur lequel il importe d'insister dans l'organisation de l'armée industrielle, c'est la promiscuité des individus comme principe de fusion, c'est-à-dire que chaque compagnie soit composée d'hommes appartenant aux différentes provinces, afin de substituer l'esprit national à l'esprit de clocher, de fortifier le principe d'unité qui fait la force de l'armée, en détruisant les germes de division qui pourraient naître de leur classification par origine locale.

Nous sommes donc autorisé à dire que les dépenses de l'armée se trouveront réduites au moins des trois quarts, soit une économie annuelle de 25 millions qui grossiront d'autant la richesse sociale.

Une autre économie non moins importante à réaliser par l'adoption du système du minimum, c'est la suppression complète et entière de tous les procès auxquels donne lieu la mutabilité des propriétés immobilières. Il est clair en effet, que lorsque les contestations civiles ne rouleront plus que sur les propriétés mobilières, l'administration de la justice sera infiniment plus simple, et par suite le personnel de la magistrature pourra être réduit au moins d'un tiers. Mais cet avantage matériel n'est rien comparativement aux avantages moraux que la société recueillera de la diminution des crimes qui sera la conséquence nécessaire de la satisfaction des besoins absolus; car, personne n'ignore que la criminalité n'est point un principe organique, mais le résultat d'une perturbation accidentelle dans la condition normale de notre être, produite le plus souvent par la lutte contre les privations des besoins physiques. Ces besoins une fois satisfaits par un minimum garanti, la criminalité ne se produira plus que sous la forme d'une rare et triste exception, et la justice répressive, si onéreuse aujourd'hui pour la société ne coûtera plus le dixième de ce qu'elle engloutit sous le régime actuel, sans compter tout ce que l'humanité y gagnera sous le rapport de sa propre sécurité. C'est ainsi que plus une société se perfectionne en se rapprochant des lois naturelles, moins elle aura des procès, moins elle aura des tribunaux et partant moins elle gaspillera d'activité dans des conflits stériles. Aussi avouons-le en toute humilité, et demandons en bien pardon aux amis du progrès, jamais nous avons su comprendre pourquoi on se réjouissait que l'emprisonnement était élevé à l'état de science. Pour nous le développement de la science pénitentiaire nous effraie, parce qu'il donne la mesure de la décadence sociale. La moralité d'une société se traduit par sa pénalité : ce sont deux termes dont l'un ne peut s'étendre qu'aux dépens de l'autre. Et comme tout s'enchaîne dans le bien comme dans le mal, la police locale devenue si dispendieuse par le grand nombre d'agents qu'elle emploie pour protéger les personnes et les propriétés si souvent menacées, se fera à l'avenir sans efforts et presque sans frais, car dans le système de garantie où chacun est intéressé à l'élévation du dividende, la société ne sera plus comme aujourd'hui divisée en suspects et suspectants; l'activité des uns ne sera plus dépensé stérilement dans la surveillance des autres.

Il en est de même des commis des octrois dont le personnel pour la Belgique s'élève à plus de 3000 individus, coûtant, en moyenne, 600 francs, soit une dépense annuelle de près de deux millions pour entraver la libre circulation des objets nécessaires à la substantation. Si au lieu de consacrer leur temps à une occupation radicalement improductive ces 3000 hommes appliquaient leur force à la production, en l'estimant seulement à 500 francs par tête, ce serait un million et demi à ajouter annuellement au capital social, qui, joint aux deux millions que coûte l'administration des octrois, fait une augmentation de richesse de plus de trois millions. C'est ainsi que toute institution subversive en soi exige pour son exécution, un double sacrifice, car chacun sait que les produits des octrois ne constituent point une plus-value; c'est un prélèvement, une sorte de cotisation imposée aux consommateurs, rien de plus. Et cet impôt pour être communal n'en est pas moins supporté par le peuple des villes d'une manière fort arbitraire.

Il est vrai que cette simplification dans les rouages de la machine sociale et surtout la limitation de procès, ne fera pas l'affaire de toute cette corporation parasite de juges, d'avocats, d'avoués et d'huissiers qui généralement vivent et s'enrichissent aux dépens de la masse; car tous ces gens-là ne produisent rien, n'ajoutent pas un atome au capital social. Parmi eux on peut encore placer la corporation des notaires, autre catégorie d'agents intéressés au morcellement et à la mutabilité des propriétés foncières. Aussi ne manqueront-ils pas d'attaquer notre système avec d'autant plus d'aigreur qu'ils s'en sentent plus directement atteints; mais personne ne s'en étonnera, on les sait dans des conditions de partialité par leur position personnelle, et on leur tiendra compte du sentiment qui inspirera leurs critiques.

Disons donc que plus un système social tend à restreindre le domaine de la procédure et à convertir en agents producteurs cette masse de sinécuristes et de budjetcivores, plus il est dans le vrai, la prospérité et la moralité d'un État s'élévant à mesure que ses institutions parasites s'affaiblissent. Or, toutes les tendances de la constitution humanitaire sont suppressives des corps inutiles et improductifs; par conséquent elle réalise la plus grande somme d'économie, et à ce titre, elle a droit de fixer l'attention des hommes de tous les partis, de toutes les opinions, de toutes les écoles.

Ici vient se placer naturellement la question de savoir

quelle compensation on accordera aux personnes dont on supprimera l'emploi.

L'adoption de la constitution humanitaire n'implique point la nécessité d'enlever aucune position acquise, pas même celle de la royauté qui, bien comprise, n'a rien d'incompatible avec les progrès sociaux. Le système que cette constitution consacre est essentiellement transitif; il opère en tout graduellement et sans froisser les droits acquis. Ainsi, la suppression des emplois inutiles se fera par extinction naturelle des titulaires, dont la société saura d'ailleurs utiliser entretemps les services et les talents dans d'autres branches d'administration publique, comme celle des internats nationaux, par exemple, dont le personnel supérieur et secondaire devra être composé d'hommes éminents en talents et en vertus.

A propos des internats nationaux qu'il nous soit permis de compléter notre pensée sur leur organisation comme établissements d'utilité publique.

De même que chacun a un égal droit de vivre, chacun possède un égal droit au développement de ses facultés comme attributs inséparables et corrélatifs à l'existence. De cette identité de droit résulte l'identité d'obligation du tout à l'unité, en tant que complément obligé de la garantie naturelle de la collection à l'individu. Il ne suffit pas que l'humanité soit abritée par un minimum pour ses besoins absolus, il faut que chaque être qui la compose puisse accomplir sa destinée sociale, et trouve à cette fin, à côté de la garantie pour son existence purement animale celle de son existence intellectuelle comme principe moteur de la vie collective et personnelle. Le caractère de cette obligation est tout aussi absolu que celle de la substantation du corps, et comme telle, elle ne peut être abandonnée à la volonté arbitraire des familles, qui n'offrent point d'ailleurs de garanties suffisantes pour son accomplissement, surtout dans les classes inférieures. C'est ce qui a fait admettre en Prusse la règle de l'instruction obligatoire pour tous, même sous des pénalités pour les parents négligents. Aussi en Prusse tout le monde sait lire, écrire et calculer, tandis qu'en Belgique et généralement dans tous les pays où l'instruction est facultative, les trois quarts des habitants sont illettrés et par suite grossiers dans leurs rapports civils et inhabiles dans l'administration de leurs affaires personnelles. Pour répondre au vœu, ou plutôt au droit de l'humanité et au but de l'intérêt social, l'État ne peut se borner à rendre l'instruction élémentaire obligatoire, il doit la réglementer lui-même, la rendre unitaire et professionnelle et en *garantir* à chacun les bienfaits. Ainsi compris, les internats nationaux ne sont point de simples écoles où les enfants viennent passer quelques heures par jour pour retomber en suite dans l'atmosphère brutale de la pauvreté; ce sont des institutions d'utilité publique qui embrassent non-seulement la vie mentale et morale de l'enfant, mais sa vie physique, en d'autres termes, qui développent simultanément le corps et l'esprit.

Ces établissements qui ne peuvent tenir leur existence que de la loi, pour répondre aux besoins de la Belgique, doivent s'élever au nombre de près de 500, soit environ 12 par arrondissement. Chacun d'eux doit pouvoir contenir au moins mille enfants divisés en plusieurs catégories : — Les nouveaux nés jusqu'à l'âge de 2 ans, confiés aux soins d'une corporation de bonnes, bien appropriées à l'éducation de la première enfance, *et sans préjudice de la surveillance maternelle ;* — Ceux de 2 à 6 ans formant les classes de l'école primaire graduées et alternées en instruction morale, religieuse et scholastique et en exercices de corps ou jeux récréatifs; — et ceux de 6 ans et plus, formant les classes d'application de l'école élémentaire et professionnelle. — C'est dans cette troisième catégorie que les enfants commencent à être initiés à l'industrie et aux travaux de jardinage; et tel sera l'attrait que présentera aux enfants les ateliers d'apprentissage, dans lesquels l'accès ne leur sera accordé d'ailleurs que comme récompense de leurs progrès dans l'instruction scholastique, qu'il faudra limiter leur ardeur en rendant les conditions d'admission très laborieuses. Et quand il y aura lieu à correction d'un élève, l'interdiction de l'atelier, pour un temps déterminé, sera plus efficace que tous les pensums du monde. Quant aux conditions d'âge fixées pour le classement des enfants en trois catégories, il est inutile de faire remarquer qu'elles ne sont point absolues. Tel enfant de 5 ans, par exemple, de la 2e catégorie peut-être beaucoup plus avancé que tel autre de 7 ans de la 3e catégorie Ces cas de précocité et de *retardivité* peuvent faire avancer ou reculer les époques ordinaires du passage d'une catégorie dans l'autre. L'appréciation de ces cas exceptionnels appartient au conseil de direction de l'établissement.

Il est bien entendu que pour la première enfance, c'est-à-dire les enfants jusqu'à l'âge de 2 ans, les parents demeurent libres de profiter ou non des internats; car on ne pourrait, sans violenter le nature, enlever à la mère le *droit* de nourrir son enfant. Les internats pas plus que les autres institutions sociales ne doivent ni ne peuvent contrarier le vœu de la nature. Partout et toujours l'action collective doit être tutélaire, jamais oppressive. Est-il nécessaire d'ajouter que la mère qui élève son enfant jouit du minimum dévolu à celui-ci.

Il ne faudra pas perdre de vue dans l'organisation industrielle des internats nationaux, que l'instruction professionnelle ne peut être considérée comme une exploitation. Les ateliers d'apprentissage ne sont pas des foyers de production mais de préparation à la production. Les forces de l'enfant doivent être ménagées, et on aura soin de discerner les vocations pour les développer en dirigeant autant que possible le goût des enfants vers l'industrie agricole, source première de toute richesse, afin d'étendre la population rurale et d'inspirer l'amour de la vie champêtre. A cette fin on affectera à chaque établissement d'éducation une certaine partie de terre pour les exercices agricoles qui doivent être considérées comme jeux récréatifs, de manière que le temps gaspillé aujourd'hui dans les pensionnats à des jeux stériles et sans but, sera fructueusement utilisé dans les internats nationaux, au point que le verger, le jardin légumier, la basse cour, etc., soignés avec joie, avec enthousiasme par les élèves, tout en leur servant d'exercices corporelles, rapportera à l'établissement plus qu'il ne lui en faut pour sa consommation. Cette considération n'est pas sans quelque prix pour ceux qui subordonnent toute innovation à une question de chiffre, et s'il était permis d'asseoir des calculs sur des probabilités quasi certaines, nous pensons que dans un temps plus ou moins éloigné, les internats nationaux coûteraient peu de chose à l'État, d'abord par les successions *ab-intertat* qui leur sont dévolues, et ensuite par les donations dont ils seront l'objet en raison des bienfaits qu'ils répandront sur l'humanité. Et cependant on a vu dans le cadre des dépenses générales que, fidèle à notre principe de n'atténuer aucun chiffre, nous n'avons point tenu compte de ces ressources éventuelles, mais positives. Nous avons fixé même très-largement le taux de la dépense pour frais d'éducation.

S'il fallait faire le relevé de ce que coûte annuellement à l'État l'absence d'un bon système d'éducation publique et d'instruction professionnelle par alliance des besoins physiques et intellectuels, on serait effrayé du chiffre énorme dilapidé pour comprimer et fausser l'intelligence des enfants voués à la misère. Pour ne citer qu'un fait, nous dirons que l'État a dépensé pendant l'exercice 1847 une somme de 512,460 francs, du chef des frais d'entretien des jeunes détenus au pénitencier de St Hubert et des jeunes réclus dans les dépôts de mendicité.

Ajoutez à ce chiffre 792,050 francs payés dans la même année par les communes pour les enfants trouvés et abandonnés, et vous aurez déjà une bagatelle de plus de un million trois cent mille francs pour les trois catégories d'enfants tombés sous la main du gouvernement et élevés par lui plutôt par mesure d'ordre public que par humanité.

Et quand nous disons que ce grand sacrifice imposé annuellement aux contribuables ne réalise que des faits subversifs comme les établissements auxquels il est appliqué, nous trouvons cette affligeante vérité exprimée en termes clairs et non équivoques dans un rapport officiel à l'appui du projet de loi sur l'organisation des écoles de réforme dont la législature vient d'adopter le principe. En parlant des dépôts de mendicité il est dit dans ce rapport : « l'instruction est insuffisante; les » travaux peu variés ne répondent pas aux besoins et aux » aptitudes des enfants; le plus souvent même ceux-ci restent » inoccupés, et cette oisiveté forcée augmente encore leur » dégradation. Marqués enfin d'une tâche indélébile par le » fait seul de leur réclusion plus ou moins prolongée dans » des lieux frappés, à tort ou à raison de la réprobation pu- » blique, toute perspective honnête leur est pour ainsi dire » interdite; s'ils sont momentanément rendus à la liberté, » incapable de pouvoir à leur subsistance, repoussés de toute » part comme de parias, ils retombent forcément sous l'in- » fluence des causes qui ont entraîné leur première chute, » (de quelle chute veut-on parler? La pauvreté et l'abandon des enfants. — Mais de victimes on en fait donc des coupables) « et ne tardent pas, s'ils échappent à la prison, à aller » frapper de nouveau à la porte du refuge qui finit par se fer- » mer sur eux pour ne plus se rouvrir. »

Et un peu plus loin : « L'atmosphère des dépôts de mendi- » cité est surtout funeste aux enfants. Pour un enfant qui en » sort corrigé » (corrigé de quoi? Encore de sa pauvreté. En vérité cette obstination à voir dans le malheur un crime, nous confond de la part de l'auteur du rapport), « animé de » bons sentiments, possédant la force, l'aptitude et la volonté » nécessaires pour se frayer une voie honorable dans la so- » ciété, il y en a dix, il y en a cent qui s'y perdent à jamais. » Et cette remarque s'applique aux filles comme aux garçons;

» les premières même sont plus sérieusement menacées en-
» core en raison des difficultés que rencontre leur placement.
» Parvenu à l'adolescence les garçons ont parfois la ressource
» de l'état militaire; à cet âge les filles voient se multiplier
» sous leurs pas les piéges et les tentations, et si l'on sondait
» le gouffre de la débauche et de la prostitution, on serait
» épouvanté du nombre des victimes qu'y a précipitées le ré-
» gime actuel des dépôts de mendicité. »

Ainsi donc voilà un aveu officiel d'un agent du gouvernement, dont le langage ne peut être suspecté de pessimisme, que les établissements publics affectés aux enfants pauvres sont des foyers de dégradation, des récipients où on reçoit pour les corrompre ces éléments flottants plein de sève et de vie, qui renferment en eux tous les germes du bien, mais dont on ne sait faire éclore que le mal. On ne peut plus clairement et plus positivement établir la complicité de l'État dans tous les crimes qui affligent la société. La criminalité, c'est lui qui la prépare, qui l'élabore dans ses affreuses institutions. Et dire que les autorités constituées forcent la société à payer annuellement plus d'un million pour ajouter la corruption à la pauvreté!

« On se plait, dit encore le même rapport, à tracer la gé-
» néalogie des grandes familles; si l'on voulait se donner la
» peine de rechercher celle des familles des malfaiteurs (gens
» pauvres), on pourrait suivre pas à pas l'inévitable filiation,
» l'intime alliance de la misère, de l'ignorance, du vice et du
» crime : l'enfant mendie, l'adolescent se livre au vagabondage
» et au vol, l'adulte met à profit son expérience et sa force
» pour attaquer, d'une manière en quelque sorte systématique,
» la société dans laquelle il ne voit qu'une ennemie. Le dépôt
» de mendicité, la maison d'arrêt, la maison de correction, la
» maison de justice, la maison de réclusion, la maison de
» force, enfin l'échafaud, tels sont les degrés de la grande
» échelle que gravissent incessamment ces classes déshéritées
» qui se perpétuent de père en fils. Heureux ceux qui s'ar-

» rêtent aux premiers échelons et que la mort vient arracher » à cette criminelle ascension! Heureux les pauvres enfants » qui, fatalement voués à la dégradation qui pèse sur leur fa- » mille, trouvent un terme à leurs maux et aux dangers qui » les menacent dans les souffrances même qui les déciment! »

La mort ou la réclusion telle est l'alternative offerte aujourd'hui aux enfants pauvres dont on ne sait faire que des ennemis domestiques pour troubler la sécurité publique et provoquer une charge annuelle de près de trois millions pour l'entretien des prisonniers et mendiants réclus.

S'il s'agit de l'enfant de l'ouvrier, de l'artisan, quel est son sort? Dès qu'il a l'usage de ses jambes il devient pour la famille un objet d'exploitation. Généralement là aussi on débute par le faire mendier, surtout parmi la population rurale, et même on le bat si sa quête ne répond pas aux exigences de la gêne des parents. L'emploi-t-on dans une manufacture, dans un atelier ou fabrique, même esclavage, même tyrannie; on étiole l'enfant en excédant ses forces par un travail meurtrier. Quant à l'être moral il n'en est pas question chez le pauvre ni chez l'ouvrier, l'intelligence, ce sublime attribut de l'homme, est étouffée, abrutie par la matière. Nous savons qu'il est des gens qui envisagent l'ignorance des masses comme un mal nécessaire, et malheureusement cette odieuse doctrine trouve dans la misère publique un point d'appui qui tient en échec le progrès de la raison humaine, car nous l'avons déjà dit, tant que l'homme sera dans la dépendance de ses besoins absolus son intelligence restera à l'état d'instinct animal. C'est ainsi que tous les problèmes sociaux qui ont pour but la dignité et le bonheur de l'homme viennent aboutir à une question matérielle, question qui ne peut recevoir sa solution que par la garantie des besoins de la vie végétative.

Quant aux locaux nécessaires pour la création des internats nationaux, les provinces et les communes en possèdent suffisamment, sauf quelques travaux d'approbation. L'État étant d'ailleurs propriétaire des immeubles ne sera point embarrassé pour trouver des bâtiments propres à ces institutions. Le principe admis, les difficultés d'exécution s'applaniront avec d'autant plus de facilité que chacun en appréciera mieux les bienfaits et sera plus intéressé à son triomphe.

A côté des internats nationaux, convient-il d'autoriser l'existence d'établissements particuliers d'éducation? Oui, pourvu que ces institutions particulières remplissent les conditions voulues par la loi et qu'elles soient soumises au contrôle supérieur de l'État, qui ne peut dans aucun cas abdiquer ni déléguer sa mission de protectorat collectif, en faveur du principe de la liberté d'enseignement. L'éducation élémentaire et professionnelle de la jeunesse est matière de haut intérêt public; la société entière est intéressée à ce que aucun de ses membres ne soit privé de l'usage de ses facultés productives par une éducation vicieuse et anti-sociale. Il faut remarquer en outre que les internats nationaux, bien organisés, offriront plus de garanties que les établissements particuliers, dont l'État n'a pas d'ailleurs à redouter la concurrence, puisque pour lui il s'agit d'un devoir et non d'une spéculation.

Cependant on peut objecter avec raison que les gens riches préféreront en général envoyer leurs enfants aux institutions particulières; qu'ainsi les liens de fraternité qui se contractent sur les bancs des écoles et qui doivent amener la fusion des classes, n'opéreront qu'à l'égard de certaines catégories, tout en laissant subsister la division des extrêmes.

Une fois les règles générales de l'éducation publique posées, tout ce que l'État peut faire, c'est d'en assurer la stricte et entière exécution. Aller au-delà, c'est substituer la tyrannie à la liberté. Si les institutions particulières font une grande concurrence à l'État, ce sera un signe que les internats nationaux laissent quelque chose à désirer dans leur organisation; qu'il s'efforce de les améliorer, mais qu'il ne pratique point le principe du monopole dans l'intérêt même du progrès.

Indépendamment des internats nationaux pour l'instruction élémentaire obligatoire, il faut au moins un externat par province pour l'instruction scientifique et les études supérieures. Les cours de ces externats doivent être gratuits et facultatifs, afin que toutes les aptitudes naturelles, toutes les vocations, dans quelque rang qu'elles soient reléguées puissent se faire jour et être utilisées au profit de la société. Combien d'intelligences d'élite aujourd'hui étouffées dès leur naissance, et combien de médiocreté pullulent dans le domaine des arts libéraux !

Ces externats constitueront avec les internats un système général et unitaire dont la haute direction sera confiée à un conseil académique national qui, seul, sera compétent pour tout ce qui touche aux branches d'enseignement proprement dite, ainsi que pour l'attribution des grades académiques.

Supposons maintenant que l'État après avoir garanti à chacun de ses membres son minimum obligatoire, s'en tint là, en abandonnant à la sollicitude naturelle des parents, désormais affranchis de tous soucis à l'endroit de leurs besoins absolus, l'éducation de leurs enfants, la société retirera-t-elle de cette abandon quelque avantage au point de vue purement économique, laissant de côté, les questions de principes et d'intérêt public ? Non; d'abord parce que le minimum dévolu aux enfants étant alors reçu et administré par les parents, il n'y a plus de garantie qu'il sera réellement, efficacement et exclusivement appliqué à leur profit, tandis que par les internats nationaux ce minimum reçoit sa véritable destination. Ensuite, payer le minimum aux parents, irresponsables de leur emploi, ou payer aux établissements d'éducation responsables, la dépense est la même, seulement dans le premier cas où a la crainte du mauvais usage, dans le second cas la certitude du bon usage. D'autre part, sans tenir compte des ressources éventuelles qui doivent diminuer progressivement les dépenses des internats, comme nous l'avons déjà établi ailleurs, il faut remarquer que ces établissements profitent à la fois aux parents comme aux enfants et à la société ; — *aux parents*, par l'économie des dépenses qu'entraîne la charge des enfants, leur entretien et leur instruction ; et c'est surtout les parents pauvres que les internats soulagent, car c'est parmi eux que ces charges sont les plus lourdes et les plus nombreuses; et en admettant même qu'ils y mettent toute la bonne volonté que la nature leur impose et que leurs devoirs paternels leur commandent, ce n'est pas avec le minimum légal qu'ils pourraient procurer à leurs enfants les avantages que ceux-ci trouveront dans les internats nationaux, où tout est organisé sur une large échelle et d'après les principes économiques de la plus grande réunion possible; — *aux enfants*, par la bonne éducation qu'ils y reçoivent; par la vie régulière, exempte de toute vicissitude et pleine d'attrait qu'ils y mènent; par les soins physiques dont ils sont entourés, et enfin par la sollicitude constante avec laquelle on veille au développement rationnel de leurs facultés et même à leurs amusements; — *à la société*, par l'extinction des vices qu'engendrent l'ignorance, l'abandon, la misère des enfants; par l'aptitude industrielle et intellectuelle de tous, développée et appliquée dans un but de production et de richesse; par les sentiments d'ordre, de fusion et de concorde nés des habitudes laborieuses et sociales contractées au sein des internats, et nous savons tous quelle puissance exerce sur l'avenir de l'homme ses impressions d'enfance : Si ces impressions sont salutaires sa vie sera honorable; si elles sont suspectes, c'est le contraire qui a lieu. Sous quelque rapport donc qu'on envisage les internats nationaux on trouve bénéfices. Les internats, c'est la semence qui fera recueillir à la société richesse, prospérité et bonheur; c'est par eux qu'on arrivera à la cohérence de tous les éléments sociaux, à la diversité au sein de l'unité.

Reste une autre objection tirée de la stabilité des revenus territoriaux par limitation du sol avec l'augmentation progressive de la population, ou mouvement descendant du dividende en raison du mouvement ascendant de la population. On peut croire en effet au premier aspect que les internats nationaux pour les enfants, en affranchissant les parents d'une charge très-onéreuse, influeront beaucoup sur la procréation et par suite sur le dividende ou minimum obligatoire. Mais en cela on se tromperait fort, car n'est-ce pas parmi les pauvres que l'on voit aujourd'hui le plus d'enfants, et cependant n'est-ce pas là où la procréation occasionne le plus de privations et de souffrances, et où par conséquent, elle devrait être la plus limitée? Si la procréation était en raison du bien être matériel pourquoi la classe riche est-elle sous ce rapport plus stérile que la classe bourgeoise, et pourquoi celle-ci est elle à son tour moins prolifique que la classe inférieure? Une autre preuve que la procréation a ses lois particulières indépendantes de toutes institutions qui voudrait en modifier le cours naturel, c'est que là où on a essayé la fermeture des tours on a eu à déplorer un plus grand nombre d'infanticides, double subversion par la mort violente des mères et des enfants. Les internats ou établissements d'assistance ne feront ici pour les enfants naturels que remplacer les tours, en offrant à des pauvres créatures un asile plus régulier, plus humain, où elles recevront les soins auxquels elles ont droit en vertu de leur titre d'homme, soins qu'on leur conteste aujourd'hui au nom de certains préjugés homicides qui tendent à vouer à la mort des innocents pour l'honneur d'une rêverie morale. Et sait-on bien à combien s'élève annuellement en Belgique le nombre de ces victimes auxquelles on ne conserve la vie que pour leur en faire éprouver toutes les souffrances? 7,000 environ?

La constitution humanitaire laissera l'extension graduelle de la population suivre son cours normal, que l'on peut estimer à 1/10 par siècle; et s'il est vrai que cette augmentation doive, dans un temps plus ou moins éloigné, exercer une certaine influence sur le taux du minimum, on ne doit pas oublier que l'agrandissement du capital social par l'application à l'industrie de toutes les forces productives, aura singulièrement élevé la condition matérielle de l'humanité, car le tiers du globe est encore en friche, et certes, cette immense non-valeur sera forcément, progressivement arrachée à sa stérilité par l'extension logique et nécessaire de l'industrie agricole. De plus, l'avenir réserve à l'humanité le bénéfice de l'unité harmonique, c'est-à-dire la fusion et la solidarité des peuples, par balance de répartition générale. Là est le vœu, le but et la dernière étappe de l'humanité, parce que là est la réalisation parfaite du principe initiaire écrit en caractères indélébiles dans toutes les pages du grand livre de la nature. Craindre qu'un jour la terre ne puisse suffire à la substantation de ses habitants, que le règne végétal fasse défaut au règne animal, ce serait douter de la sagesse de Dieu et s'étayer d'une chimère pour attaquer la Providence.

Mais *quid* des enfants étrangers au pays?

Il va sans dire que tant que l'unité politique ne sera point intronisée dans le monde comme règle absolue de souveraine équité, le dividende territorial doit appartenir exclusivement aux indigènes du pays où la constitution humanitaire sera admise et pratiquée, car autrement l'affluence des étrangers, attirés par l'appat d'un minimum garanti, serait telle que non-seulement le dividende deviendrait illusoire par le grand nombre de co-partageants, mais que la grande agglomération d'individus sur un même territoire, constituerait dans ce cas une cause de ruine. Les forces humaines doivent être réparties de manière à pouvoir être avantageusement utilisées là où elles sont réclamées pour la production générale C'est pour prévenir cette concentration ruineuse que les enfants nés en Belgique de parents étrangers ne seront point considérés comme indigènes. L'indigénat ne sera acquise qu'à la deuxième génération, à moins de réciprocité par conventions internationales, à partir de l'adoption de la constitution. De même les enfants nés à l'étranger de parents belges, ne seront considérés comme belges que pour autant que la naissance à l'étranger soit accidentelle. Si elle a lieu dans des conditions de résidence ou de domicile fixe, les parents en préférant le séjour étranger à leur patrie renoncent tacitement aux avantages de leur pays, non-seulement pour eux-mêmes mais aussi pour leur postérité. Conséquemment l'émigration volontaire entraînera la perte du minimum pour toute la durée de l'absence, parce que dans ce cas celui qui transporte son industrie et son activité dans une autre contrée prive son pays d'une collaboration obligée et délie celui-ci de toute obligation vis-à-vis de lui, les rapports entre l'État et l'individu étant un contrat quasi synallagmatique qui peut cesser d'exister par le fait de la volonté de celui au bénéfice duquel le contrat a été créé. Mais l'émigration autorisée pour cause d'utilité publique conservera le droit au minimum non-seulement aux émigrants, mais à leurs descendants, parce qu'il s'agit ici d'un déplacement profitable à la communauté, comme le serait, par exemple, la fondation d'une colonie.

Nous savons que l'on peut nous objecter qu'il est des pays, tels que l'Angleterre où les revenus territoriaux ne donneraient qu'un dividende insuffisant pour sauvegarder les besoins absolus de ses habitants, et qu'il en est d'autres, telle que la Russie où le dividende s'élèverait au triple de ces besoins; qu'ainsi le principe du droit collectif au sol se trouverait faussé d'un pays à l'autre, et l'inégalité de possession enlevée aux individus serait perpétuée par les différents groupes formant États politiques, de telle sorte que l'Anglais et le Russe, quoique égaux comme homme en droits et en besoins, seront très-inégaux en fait, le rapport de leur minimum respectif étant de 1/3 à 4, c'est-à-dire que le dividende d'un Russe correspondrait à celui de douze Anglais.

Nous répondrons à cette objection que l'on ne peut arriver à l'égalité universelle que par la fusion des intérêts internationaux, et qu'avant d'obtenir ce résultat il faut savoir réaliser la fusion des intérêts nationaux, comme point de départ du grand principe d'unité. La fraternité des individus doit précéder la fraternité des peuples. Il n'y a point d'ailleurs sous ce rapport de solidarité entre les nations qui embrasseront le système. Ainsi, par exemple, la Belgique peut fort bien entrer dans la voie du rachat du sol sans pour cela que ses rapports matériels et politiques avec les autres États doivent s'en trouver modifiés : c'est une affaire toute d'intérieur qui laisse intacts les droits des gens, libre aux autres peuples d'imiter son exemple. Et nous ne croyons pas nous faire illusion en espérant que la formule du minimum d'entretien par affranchissement du sol, une fois adoptée sur un point, ne tardera pas à faire le tour du monde, comme le code social le plus en harmonie avec les vœux généraux des hommes et le plus conforme à leurs besoins et à leurs droits.

Pour accélérer ce résultat, on pourrait dès à présent, comme moyen efficace de transition et sans rien préjuger sur la forme respective des États politiques, constituer un congrès officiel Européen dans le but d'arrêter les bases,

1° D'un système monétaire universel;

2° D'un système unitaire de poids et mesures;

3° De l'unité de langage.

La diversité des signes monétaires est sans contredit, une cause d'entraves, dans les transactions internationales; elle donne lieu à des spéculations subversives, à l'agiotage. Elle est la source de nombreux abus, de sérieuses complications et d'embarrassantes difficultés; et notez bien qu'elle ne profite qu'aux changeurs, autre catégorie parasite qui vit aux dépens du fonds social. Rien n'est plus facile que de réaliser sous ce rapport le principe d'unité, dans l'intérêt de la généralité des peuples comme dans celui du commerce et des individus. Au point de vue de l'intérêt politique, il peut y avoir quelques raisons spécieuses pour le maintien d'une monnaie spéciale pour chaque État; l'amour du clocher, les préjugés monarchiques peuvent y trouver leur compte; mais l'humanité plus élevée dans ses appréciations, n'en condamne pas moins cette localisation abusive, comme un germe de division entre les hommes, dans tous leurs rapports d'intérêts réciproques et généraux au profit d'une étroite ambition personnelle.

Les mêmes raisons s'appliquent à cette nomenclature indéfinie de poids et mesures qui embrouillent le commerce et provoquent si souvent des quiproquo et des procès.

Mais comment vaincre la routine, comment extirper des habitudes invétérées, comment corriger les usages reçus et consacrés par des siècles exclameront les optimistes, toujours effrayés à l'apparition de chaque innovation?

On sait bien que l'introduction de toute grande mesure entraîne toujours à sa suite des difficultés d'exécution plus ou moins étendues; mais quelles qu'elles soient, s'il s'agit d'un grand intérêt public, c'est un devoir de les aplanir et une faiblesse de les redouter. Or, la réglementation de poids et mesures est, tout comme celle de la monnaie, affaire d'État, et là où l'action de l'État est d'accord avec l'intérêt général elle est toujours efficace.

Quant à l'unité de langage, c'est chose moins facile, quoique très-réalisable pourtant si on sait s'y prendre avec intelligence.

L'humanité est une, le langage, c'est-à-dire les expressions qui servent à l'exercice du foyer intellectuel, comme moyens de rapports et de communication, doit être une, car l'unité c'est l'image de la suprême économie; c'est la loi vers laquelle gravite l'humanité dans toutes ses manifestations de progrès. La nécessité d'un langage universel a été si bien comprise par les gouvernements qu'ils le pratiquent depuis longtemps dans leurs relations diplomatiques. Et dans le fait rien ne divise plus les hommes que la diversité de langues. Nous sommes tous les jours témoins de collisions entre Flamands et Français qui, quoique Belges, vivant sous les mêmes lois, jouissant des mêmes avantages, se haïssent et se détestent souverainement par cela seul qu'ils ne se comprennent pas, et que, ne pouvant se comprendre il ne peut exister entre eux aucun lien de sympathie. Il en est de même entre Français et Anglais, et généralement entre tous les peuples qui ont des idiomes particuliers. Une des facultés essentielles de l'homme c'est la sociabilité. Cette propension qui pousse l'individu à communiquer avec ses semblables, à échanger avec eux ses pensées, ses sentiments, est un besoin tout aussi impérieux que l'air qu'il respire. Privez l'être moral de cet aliment intellectuel vous le rendrez stupide, idiot, vous le tuerez tout comme la privation d'air tuera l'être physique. Aussi l'homme qui se trouve dans un milieu où il ne peut se faire comprendre, souffre; les personnes qui l'entourent ne lui inspirent ni confiance ni amitié, il éprouve enfin auprès d'eux un malaise qui dégénère bientôt en antipathie. S'il voyage et qu'il retrouve loin de sa patrie un être qui parle sa langue, voyez avec quel élan de sympathie il se jette à cet ami improvisé, sans savoir même s'il est digne de l'affection qu'il lui accorde. C'est que ce voyageur après s'être vu isolé au milieu du genre humain a éprouvé la suspension d'un besoin qui éclate avec d'autant plus de force qu'il a été plus longtemps comprimé. Or, partout où il y a un besoin non satisfait il y a souffrance, et toute cause de souffrance, en tant qu'elle tient au fait de la volonté humaine, doit être évitée, et comment l'éviter ici si ce n'est par la langue unitaire. Et puis quelles difficultés dans les relations d'affaires, quelle perte de temps pour se faire comprendre! Partout il faut le secours d'interprètes, souvent inexacts et toujours onéreux, encore une catégorie d'individus qui vivent sur le capital social. Certes, pour remplacer les nombreux idiomes qui fractionnent l'humanité par une langue universelle qui la relie, nous reconnaissons que c'est une œuvre qui ne peut s'improviser; mais qu'on arrête le principe de l'unité du langage; qu'on en formule la loi et en arrête le vocabulaire, puis qu'on accorde annuellement aux établissements d'instruction publique une récompense civique proportionnée au nombre d'élèves que chacun d'eux aura initié à la connaissance de cette langue universelle; que l'admission à tout emploi public soit subordonnée à la connaissance de cette langue; que tout avancement soit soumis à la même condition; qu'on établisse entre les communes un principe d'émulation et de rivalité pour répandre et généraliser l'usage de la langue unitaire; qu'on agisse enfin partout par voie d'encouragement et non par violence, et nous sommes au-dessous de la vérité en estimant à dix ans l'époque où l'administration publique de tous les États pourra adopter, sans inconvénients, la langue générale et la déclarer obligatoire pour tous les actes officiels.

Pour ceux qui ont été témoins ou qui ont conservé le souvenir du mécontentement général, des protestations énergiques qu'a soulevés en Belgique la loi par laquelle la langue hollandaise était rendue obligatoire à tous les Pays-Bas, l'adoption d'une langue unitaire pour tous les États pourra paraître une utopie, un rêve philosophique; mais on oublie que cette loi tyrannique n'était pas seulement odieuse aux Belges par son caractère de violence, elle l'était surtout parce qu'elle blessait leur dignité et leur amour-propre en les subordonnant aux Hollandais dont on préférait le langage. C'était amoindrir, annihiler une nation pour l'incorporer, pour l'absorber dans une autre nation dont tout la séparait; car, personne n'ignore qu'entre les Belges et les Hollandais il n'y a aucune affinité, aucun point de contact tant sous le rapport des mœurs que sous celui du langage. La résistance ici avait donc sa raison d'être; elle était légitime, parce que le peuple dont on voulait ainsi effacer le langage en heurtant brutalement ses habitudes, ses affections n'était point intéressé à ce changement, changement qui n'avait d'ailleurs qu'un but purement politique, celui de détacher davantage la Belgique de la France en la *flamandissant* dans toutes ses parties pour joindre à la délimitation territoriale, à l'autorité fragile du traité de 1815, la séparation plus positive du langage et des mœurs. Il n'en est pas de même de l'idiome universel. Ici le changement n'a lieu au profit d'aucun peuple en particulier, mais en faveur de tous, on ne blesse aucune susceptibilité, on ne froisse aucun amour-propre, on ne donne la préférence à aucune langue nationale, la langue humanitaire étant l'œuvre d'un congrès où tous les peuples, où tous les États sont représentés, toutes les nations participent à sa formation, conséquemment aucune n'exerce de suprématie sur l'autre. La langue unitaire est acceptée par toutes, imposée par aucune; elle est générale et absorbe dans sa généralité même toutes les nuances locales, de manière qu'elle ne peut être revendiquée par aucune fraction de la grande famille humaine.

Les langues locales une fois bannies du domaine public, elles iront se réfugier au foyer domestique où elles s'affaibliront graduellement en raison même des avantages attachés à la langue générale, comme par exemple, la lecture des ouvrages nouveaux et des journaux; car il va de soi que les auteurs, dans l'intérêt du placement de leurs œuvres, les écriront en langue unitaire ou cosmopolite. Aujourd'hui un livre pour s'universaliser doit passer par de nombreuses traductions qui lui enlèvent toujours une partie de son mérite et de son originalité, et ce n'est jamais l'auteur qui profite de ces traductions. Dans le système de l'unité du langage, son livre tout en conservant sa valeur pourra être lu, compris et placé partout, conséquemment son intérêt le poussera à abandonner les idiomes particuliers qui localiseraient son œuvre, pour se servir du langage universel qui la généralisera. Il en est de même des journaux et de toutes les revues périodiques, que le gouvernement d'ailleurs pourra encourager à populariser la langue humanitaire. Les gouvernements pourraient aussi encourager dans leurs États respectifs la formation de sociétés philologiques dans le même but, accorder des médailles civiques à toutes les sociétés particulières qui dans leurs réunions ne parleraient que la langue unitaire, enfin accorder une prime aux éditeurs qui auront publiés le plus grand nombre d'ouvrages écrits en cette langue.

Il est bien d'autres moyens d'encouragement encore dont le

gouvernement peut disposer, pour répandre rapidement et facilement l'usage de l'idiome général; il suffit seulement d'en avoir la ferme volonté et de savoir mettre en œuvre les différents ressorts qui peuvent concourir à éveiller l'émulation publique. Mais qu'on se garde bien de recourir à la contrainte ou à des moyens coërcitifs, car du jour où on employerait la violence le succès serait à jamais compromis.

Il reste à remarquer que ces moyens de transitions sont tout-à-fait indépendants de l'adoption de la constitution humanitaire. Ils rapprochent les peuples, facilitent leurs rapports, engendrent la fraternité et tendent activement à substituer partout à l'esprit de clocher les sentiments plus élevés du cosmopolitisme; à effacer tous les principes de division et de conflits pour les remplacer par le grand et salutaire principe de l'unité; mais ils laissent intacte la question de réforme intérieure pour la solution de laquelle chaque État ou chaque peuple conserve son libre arbitre, étant d'ailleurs seul compétent pour apprécier les institutions qui lui conviennent.

Après avoir esquissé notre pensée sur l'organisation des internats nationaux dont nous avons en principe démontré la nécessité et la légalité comme obligation de l'État, il nous reste pour compléter la théorie sur les devoirs collectifs envers l'individu, à dire quelques mots sur la création d'hôtels d'invalides pour les vieillards et infirmes réduits à l'unique ressource de leur minimum respectif.

La vie de l'homme se divise en trois grandes phases distinctes dont chacune a ses besoins particuliers : l'*enfance*, la *virilité* et la *vieillesse*. L'enfance et la vieillesse sont deux périodes d'insuffisance, de faiblesse et de caducité qui appellent à ce titre, une sollicitude toute spéciale. Pour la première période, l'*enfance*, nous avons vu que les internats nationaux vont au devant de leurs besoins en facilitant et protégeant le développement de leurs facultés. La seconde période ou la *virilité* étant affranchie de l'esclavage de ses besoins absolus par la jouissance d'un minimum, peut appliquer toute sa vigueur et sa force au sein de l'activité sociale et les utiliser au profit de sa prospérité. L'État n'a point à intervenir autrement pour cette période de plénitude qui peut se suffire à elle-même et se ménager des ressources pour l'avenir. Reste la troisième période ou la *vieillesse,* phase de décrépitude ou de seconde enfance, parmi laquelle il faut placer les infirmes et impotents, trois classes de personnes qui ne peuvent, en raison de leur incapacité physique, pourvoir par eux-mêmes à leurs besoins et auxquelles l'État doit aide et appui par des établissements tutélaires.

Mais hâtons-nous de dire que cette intervention obligatoire de l'État sera d'autant plus limitée que le bien être social sera plus élevé, et on a vu que le développement de la richesse publique était la conséquence certaine du système du garantisme rationnel. Il est donc permis de croire que les hospices actuellement existantes pourront, sauf quelques modifications dans leur régime intérieur, suffire aux exigences sociales.

En effet, chaque membre de la société jouissant d'un minimum à titre d'usufruit du sol, trouvera dans cette ressource non-seulement un élément de prospérité pendant la période de virilité, qui pourra réserver à la vieillesse un abri confortable, mais en admettant même que la virilité soit demeurée stérile, le vieillard réduit au minimum, pourra généralement achever sa vie au foyer domestique, sans devoir réclamer un refuge dans l'hospice, parce qu'il ne sera plus comme aujourd'hui une charge pour la famille. Le maintien des hospices de refuge n'est donc nécessaire que pour cette catégorie exceptionnelle de célibataires qui vivent et meurent sans famille, ou de ses parents malheureux qui voient leur postérité les devancer dans la tombe.

A ces êtres faibles, isolés et sans initiative, l'État doit offrir des asiles où leurs besoins reçoivent une complète satisfaction, où leur faiblesse soit protégée, soutenue, et nous le répétons les hospices actuelles répondent, quant à leur nombre, aux besoins de cette catégorie. Or, presque toutes ces hospices sont suffisamment dotées pour couvrir leurs frais, et à leurs ressources actuelles elles pourront encore ajouter le minimum dévolu à leurs pensionnaires, l'État n'aura donc sous ce rapport aucune charge nouvelle à enregistrer à son budget. Cependant nous avons fait figurer dans le tableau des dépenses générales une somme de 2 1/2 millions à titre de complément des frais présumés pour ces établissements, afin d'offrir partout des appréciations larges et élevées. Il en est de même des établissements d'aliénés et des hôpitaux. Généralement c'est la pauvreté qui conduit le malade à l'hôpital. Tant qu'il possédera quelque ressource il préférera se faire traiter chez lui, tellement l'hôpital l'effraie; et quand après avoir longtemps lutté contre la maladie et la misère, il est forcé d'abandonner son grabat pour la couchette de l'hôpital, c'est pour lui un moment de suprême affliction, il croit faire le premier pas vers la tombe. Une fois en possession d'un minimum, bien des malades sauront se dispenser du secours de l'hôpital, et on peut dire avec certitude que le service médical sera plutôt réduit qu'augmenté par le bien être des classes inférieures et par la possibilité de s'épargner l'humiliation du traitement gratuit qui force tant de malheureux à négliger des petites affections qui dégénèrent en maladies graves, souvent incurables et mortelles.

Les modifications à introduire dans le régime intérieur des hospices de vieillards consistent d'abord à modérer le système disciplinaire, qui généralement y est trop rigoureux; on y fait trop sentir l'humiliation de l'aumône par l'obligation imposée aux pensionnaires de se vêtir d'un costume de charité; et la répugnance que ce costume inspire, à ceux surtout qui ont joui d'une certaine aisance, est telle qu'il n'est pas rare de voir de vieillards se condamner à une sorte de séquestration de plusieurs mois pour échapper à la honte de se montrer en public sous des vêtements qui accusent leur pauvreté et blessent leur susceptibilité. Que l'administration veille à ce que les pensionnaires soient décemment vêtus; qu'elle s'assure du bon entretien de leur trousseau, rien de mieux; mais qu'elle ne pousse point son action jusqu'à imposer la forme et la couleur du vêtement, si elle ne veut tomber dans l'arbitraire; qu'elle respecte l'indépendance de l'individu, quelle que soit sa position de fortune, en lui laissant la latitude de s'habiller à ses frais, comme il l'entend, ou de prendre des vêtements au magasin de l'hospice; que partout enfin où apparaisse son autorité, que ce soit sous un caractère tutélaire, le seul qui lui convienne; mais jamais sous l'aspect de la tyrannie ou de l'oppression.

En second lieu le régime alimentaire laisse beaucoup à désirer. Nous ne pouvons approuver, par exemple, qu'on prive les vieillards pauvres de l'usage du café, du beurre sur le pain et du tabac; car, bien que l'usage de ces objets répond rigoureusement à un besoin relatif, il faut le considérer à cet âge comme un besoin absolu, surtout en Belgique où cet usage est presque général et quotidien; et dans le fait il est si absolu qu'on ne saurait imaginer toutes les petites industries auxquelles se livrent les vieillards pauvres pour se procurer ces inoffensives douceurs. Il y a selon nous, quelque chose de cruel dans une privation qui affecte si sensiblement des êtres qui cottoyent la tombe ouverte sous leurs pas, alors que l'Administration pourrait à si peu de frais donner satisfaction au modeste besoin qui la provoque.

On peut se demander ici si l'État laissera aux Administrations particulières des hospices, aujourd'hui existantes, leur mission de charité dans les limites de leurs ressources respectives, ou s'il réglera lui-même ces établissements par voie d'autorité en vertu de son devoir et de son droit de protectorat collectif?

L'admission dans l'hospice ne pouvant plus être considérée comme un acte de charité gratuit vis-à-vis de l'individu, mais bien comme l'acquit d'une obligation, l'intervention de l'État, en sa qualité de tuteur légal de la vieillesse est de droit dans tous les établissements d'assistance qu'il subventionne ou dont il autorise l'existence. Cependant comme les hospices répondent généralement à un but philanthropique qui honore l'humanité par les tendances généreuses qu'elles révèlent, il y a convenance à respecter leur existence propre en leur maintenant à perpétuité et dans leur intégrité les rentes du chef de rachat de leurs propriétés foncières dont elles conserveront l'usage gratuit, à la condition d'accepter le contrôle et la haute surveillance de l'État et de faciliter les admissions de manière que tous ceux qui désireraient terminer leurs jours dans ces paisibles retraites, puissent y être admis, s'ils remplissent d'ailleurs les conditions d'âge et d'infirmités voulues et déterminées par la loi.

Maintenant que nous avons parcouru la vie humaine du berceau à la tombe, faisons un retour sur nos pas pour résumer en peu de mots le résultat de notre exploration sociale.

Après avoir considéré l'homme sous le rapport de ses droits stricts et absolus dans l'ordre des lois cosmologiques qui le rattachent physiquement à la création, et des lois sociales qui gouvernent les individus dans leurs rapports mutuels et collectifs, nous avons vu que l'humanité était victime d'une contradiction flagrante entre la fin et les moyens de sa destinée, et que de cette contradiction découlaient tous les maux dont elle est accablée. La cause du mal connue, nous avons vu que la société ne pouvait s'élever à la hauteur de l'équilibre rationnel et légitime de ses besoins naturels qu'en faisant cesser l'usurpation du droit individuel sur le droit collectif, et que, cette usurpation cessant, tous les éléments parasites se transformaient progressivement en éléments de production; que tout rentrait dans l'ordre le plus parfait le plus harmonique, sans qu'il dût en coûter une seule violation d'un droit légitime, une seule goute de sang. Et nous sommes arrivés à ce grand résultat par la simple solution d'une question matérielle qui met désormais hors de cause les besoins physiques de l'humanité, et à l'exclusion de toute intervention de la politique.

Cette sollicitude dont la constitution entoure l'individu; ce soin avec lequel elle écarte toute entrave au libre exercice des lois naturelles, dans les trois phases de la vie, paraîtra sans doute fort suspecte à l'école spiritualiste dont, pour le dire en passant, tous les adeptes sont des gens dans l'aisance et qui par conséquent n'ont jamais pu expérimenter l'inflexibilité des besoins physiques dans lesquels ils ne voient qu'une sorte de doctrine matérialiste dont ils ont horreur.

Mais laissons parler ici un publiciste en renom et fort estimé par son antagonisme dans la polémique sociale.

« Ne blâmons pas, dit-il, les populations d'aspirer impa- » tiemment à l'amélioration matérielle de leur sort. Ce serait » une grande injustice que de voir dans ce désir l'indice d'une » matérialisme brutal ou de grossiers instincts. Pour elle la » poursuite du bien être est nécessairement parallèle à la » poursuite de la liberté politique, de la dignité, de tous les » biens les plus relevés de la civilisation. En 1789, lorsque la » classe moyenne entra dans l'arène en disant : « Les grands » ne sont grands que parce que nous sommes à genoux; » levons-nous! » Que lui manquait-il pour être libre, c'est- » à-dire pour avoir le plein exercice de ses facultés, dans » le plein exercice de ses facultés, dans l'intérêt de l'État » comme dans le sien propre? Il ne lui manquait rien que le » droit de participer au gouvernement du pays. Pour elle » devenir libre c'était retirer le monopole des hautes fonctions » civiles, militaires ou religieuses, des mains des privilégiés, » du cercle de la cour. Riche et éclairée, en état de se suffire » et de se conduire, la classe moyenne voulait se soustraire » au régime du bon plaisir et du monopole, et ce point une » fois gagné, elle devait se trouver en jouissance de la » liberté.

» Pour les masses populaires, la liberté se présente avec » un caractère différent. La plus dure servitude qu'elles su- » bissent est celle de la misère, et c'est cette misère qui tient » tout leur être dans l'abaissement. La réforme des institu-

» tions publiques, comme la classe moyenne pût et dût la » concevoir en 1789, était celle qui convenait à des gens » dont l'existence matérielle était assurée; pendant les sept » siècles qui s'étaient écoulés depuis la création des commu- » nes, elle avait amassé, à la sueur de son front, ce qui donne » l'aisance. Mais quand il s'agit des ouvriers, il faut se dire » qu'ils souffrent, que la pauvreté est un boulet qu'ils traî- » nent et qui les empêche d'avancer dans quelque direction » que ce soit; il faut ajouter qu'ils sont évidemment dignes » d'un meilleur sort, du moment qu'ils choisissent entre tous, » les noms qu'on leur a proposés, celui de *travailleurs*, indi- » quant par là que c'est sur le travail qu'ils fondent leurs » espérances, que, à leur gré, l'amélioration à leur existence » doit procéder de leur propre travail convenablement » fécondé.

» L'industrie, qui, au gré de quelques pessimistes, serait le » triomphe de la matière, n'est au contraire que l'intelligence » humaine essayant sa domination sur le monde matériel et » s'en faisant un piédestal; de même l'ardent désir de bien » être que témoignent les ouvriers, au lieu d'être taxé d'ap- » pétit matériel, doit, dès qu'il se montre accompagné d'un » sincère et vif amour du travail, apparaître aux juges im- » partiaux, comme une aspiration de l'esprit vers l'indépen- » dance vis-à-vis des besoins matériels dont il était opprimé. »

L'être spirituel ou moral est, sans contredit, supérieur, dans son essence, à l'être purement physique; mais cette supériorité est un fait, une loi indépendante de toute condition ultérieure, dont le principe gît dans l'individu et se trouve ainsi subordonné, dans ses manifestations, aux lois physiques de l'organisme animal, de telle sorte que plus ces lois sont lésées ou opprimées, moins le spiritualisme a de force; plus elles se développent, plus il agit, s'élève et domine. Voilà pourquoi les besois absolus de l'individu doivent occuper le premier plan de l'édifice social dont il est la base et pourquoi ils constituent le chapitre fondamental de la loi organique. Ces besoins une fois garantis, sauve-gardés, l'institution politique de la société sera simple et facile, parce que les éléments dont elle se compose se trouveront dans les conditions normales de leur existence. A nos yeux donc l'organisation politique ne doit occuper que le second plan, car dans le fait elle n'intervient que comme moyen d'assurer l'application des principes constitutifs des droits positifs, consacrés dans le premier plan. Peu nous importe la forme politique du gouvernement pourvu qu'il réalise le principe de la garantie des besoins absolus il sera dans le vrai comme il sera dans le bien et la justice.

Cette conviction exprimée, nous ne croyons pas devoir entreprendre la justification de notre doctrine politique formulée dans la constitution humanitaire. Nous ne tenons pas aux mots, mais aux faits ; et si nous avons donné la préférence à la forme démocratique, c'est parce que la démocratie laisse moins de prise à l'absolutisme que toute autre forme de gouvernement ; mais nous n'entendons pas dire par là que le gouvernement monarchique est impuissant à donner satisfaction aux légitimes exigences de l'humanité. Au contraire, plus le pouvoir est concentré plus il est énergique ; plus il est éparpillé plus il est faible, énervé. La royauté peut donc être plus efficace, dans son action gouvernementale, que la démocratie ; et si ce n'est la crainte d'abus *elle* aurait notre préférence, par cela seul, que sans altérer le principe de la souveraineté du peuple, dont elle est constitutionnellement, une émanation, elle exprime plus parfaitement l'unité politique et administrative.

Ceci posé, il est inutile de faire remarquer que c'est encore là un caractère particulier de notre système qu'il est réalisable avec et par les autorités actuellement constituées, sans commotion, sans conflit et par la seule force du développement de la raison.

Si nous ne nous étions imposé le devoir de rester dans les limites d'une simple brochure, nous aurions écrit un traité complet, méthodique, sur les principes sociaux que nous invoquons comme base d'une société conforme aux vœux de l'humanité comme aux lois positives de sa destinée, le sujet quoique simple comme la vérité dont il est l'expression, est pourtant assez vaste pour comporter la matière de plusieurs volumes; mais nous n'avons point voulu l'épuiser, persuadé que pour populariser une doctrine vraie, efficace et salutaire il suffisait de la dégager des sophismes qui voudraient en fausser l'application. Nous nous réservons d'ailleurs de répondre à toutes les objections qu'elle pourra soulever et de justifier toutes les dispositions de la constitution humanitaire, dont la simple lecture prouvera qu'il y a partout double contrôle, double garantie, et que l'arbitraire ne saurait s'y faire jour nulle part, tous les pouvoirs, quoique distincts, se servant mutuellement de contre poids et se limitant les uns par les autres sans cesser d'être indépendants.

L'école socialiste la plus avancée a posé, sans pouvoir le résoudre, le problème social en ces termes : « Trouver un » système d'égalité absolue dans lequel toutes les institutions » actuelles, moins la propriété ou la somme des abus de la » propriété, non-seulement puissent trouver place, mais » soient elles-mêmes des moyens d'égalité, liberté individuelle, » division des pouvoirs, unité et intégralité dans l'enseignement, etc.; un système qui mieux que la propriété assure » la formation des capitaux et entretien l'ardeur de tous, qui » d'une vue supérieure, explique, corrige et complète les » théories d'association proposées jusqu'à ce jour, depuis » Platon et Pythagore jusqu'à Babœuf, saint Simon et Fourier; *un système enfin qui, se servant à lui-même de transition,* » *soit immédiatement applicable.* »

Nous demandons maintenant aux hommes impartiaux et aux philodoxes eux-mêmes si ce problème ne se trouve pas entièrement, complètement résolu dans toutes ses parties, et qui plus est en y ajoutant le point essentiel, le *respect des droits acquis*, que le problème n'énonce pas, et qui constitue cependant la condition *sine qua non* de toute réformation sociale; et en distinguant le point d'intersection qui sépare la propriété personnelle de la propriété collective, qui délimite le droit particulier du droit général et met un terme à la confusion anarchique des deux grands principes distincts et constitutifs de toute existence individuelle et sociale.

CONSTITUTION HUMANITAIRE,

OU

LOI ORGANIQUE

Basée sur la loi naturelle.

PRINCIPES FONDAMENTAUX.

ART. 1er. De l'égalité des facultés physiques inhérentes à la nature humaine découle l'égalité des hommes en droits, en devoirs et en besoins absolus.

L'égalité des droits c'est, dans l'ordre matériel, la participation de chacun aux garanties naturelles de conservation et de perpétuation de l'espèce; dans l'ordre moral, l'exclusion de tout privilége tendant à établir des distinctions par préexistence de coutumes ou de lois conventionnelles.

L'égalité des devoirs consiste dans l'obligation pour chacun et pour tous du respect du droit d'autrui et dans l'exercice de ses facultés productives selon son aptitude et ses forces.

L'égalité des besoins absolus, c'est la substantation obligatoire des organes vitaux de chacun, comme loi immuable de conservation.

CHAPITRE PREMIER.

Des garanties naturelles du droit de conservation.

ART. 2. Par cela seul que l'homme existe il a droit de vivre. Ce droit, absolu comme le principe dont il dérive, trouve sa garantie dans le règne végétal créé en vue des besoins physiques de l'humanité. Le sol est donc essentiellement propriété collective, et à ce titre ne peut appartenir en propre à des particuliers; les hommes ne sont que les usagers de la terre.

En conséquence le droit de propriété territoriale réside dans l'État.

Toute possession contraire à ce principe sera rachetée comme attentatoire au droit collectif de l'humanité.

ART. 3. Les revenus territoriaux seront perçus par l'État au profit de la collection, comme propriété nationale, et serviront à garantir à chaque membre de la société, sans distinction d'âge ni de sexes, un *minimum* pour la substantation de ses besoins absolus.

ART. 4. Ce minimum sera fixé annuellement par le grand conseil représentatif de la nation, sur la valeur locative des immeubles, déduction faites des charges publiques.

ART. 5. Le droit au minimum est personnel. Il naît et meurt avec l'individu.

Il est inaliénable et insaisissable.

Néanmoins l'émigration non autorisée en entraînera la suspension pour toute la durée de l'absence; et la perte définitive en cas de résidence à l'étranger sans esprit de retour ou de condamnation pour attentat contre la sûreté extérieure de l'État.

Il sera payé à chaque individu trimestriellement et en espèces, sur la présentation de son brevet d'indigénat, en marche duquel chaque payement sera annoté.

ART. 6. Une loi d'administration publique déterminera le mode de comptabilité et de contrôle des dividendes territoriaux.

ART. 7. L'indigénat ne sera acquis aux descendants d'étrangers qu'à la seconde génération, à moins de réciprocité par convention internationale.

ART. 8. Le minimum dévolu aux enfants admis dans les internats nationaux et celui des vieillards et infirmes admis dans les établissements d'assistance seront perçus, en leur lieu et place, par les administrations de ces institutions,

Art. 9. La propriété mobile est garantie. Nul ne peut être privé de sa fortune ou d'une partie d'icelle, sous quelque prétexte que ce soit, ni privé de la faculté d'en disposer par donations entre-vifs ou par dispositions testamentaires.

Art. 10. Les successions *ab intestat* sont dévolues aux institutions d'internats nationaux et aux établissements d'assistance, à moins qu'il ne s'agisse de mort subite, auquel cas les héritiers en ligne directe succèdent de droit à leur auteur commun.

CHAPITRE II.

Des garanties tutélaires dues à l'enfance et à la vieillesse.

Art. 11. Il sera établi aux frais de l'État, selon les besoins de la population, des *internats* nationaux où tous les enfants, indistinctement, seront admis de droit. Ils y seront logés, nourris, habillés et élevés dans des principes de fraternité, jusqu'à l'âge de douze ans inclusivement.

L'instruction est obligatoire pour tous; elle sera scholastique et professionnelle.

Les vocations seront respectées.

La méthode d'enseignement et le régime intérieur seront déterminés par une loi spéciale.

Art. 12. Pour les hautes études, les sciences et les arts, il y aura un *externat* ou université par province.

Les cours en seront gratuits et facultatifs.

Art. 13. Les internats et les externats sont placés sous la direction unitaire d'un conseil académique nommé par la représentation nationale.

Art. 14. Il sera créé pour les vieillards et les infirmes des hôtels d'invalides où chacun d'eux recevra les soins que réclament son état et ses infirmités.

Les conditions d'âge et d'admissibilité, ainsi que le régime et l'administration intérieurs seront déterminés par une loi.

Art. 15. Les hospices et hôpitaux civils aujourd'hui existants, conserveront, comme établissements de bienfaisance publique, les revenus du sol dont ils sont en possession.

Le principe d'amortissement ne pourra leur être appliqué.

CHAPITRE III.

Des garanties politiques des droits individuels et sociaux.

Art. 16. Tous les citoyens sont égaux devant la loi ; aucune distinction ne peut être établie entr'eux dans les prérogatives comme dans les devoirs civiques, sauf les conditions d'âge comme règle d'aptitude.

Tous sont électeurs, éligibles et admissibles aux emplois publics.

Art. 17. Sont garanties :

1° La liberté individuelle jusqu'à la limite où elle blesserait la liberté d'autrui.

2° La liberté de la presse ou libre manifestation de la pensée, sauf responsabilité de l'abus.

3° La liberté des arts et métiers ou exclusion de tout monopole industriel et commercial, sauf indemnité pour les découvertes reconnues utiles.

4° La liberté d'association ou droit de réunions sans armes.

5° La liberté religieuse ou inviolabilité de la conscience dans la pratique des cultes.

Art. 18. Tout transgression des lois d'ordre sera réprimée de la manière prescrite par la loi.

Aucune peine ne peut être établie qu'en vertu de la loi ni dépasser le terme de quinze ans.

La répression sera plutôt réparatrice qu'afflictive.

Le produit du travail des condamnés sera affecté à la réparation matérielle du dommage causé par eux, leur minimum devant servir à leur substantation.

ART. 19. La peine de mort en matière politique est abolie. Elle ne pourra être appliquée en matière criminelle qu'après approbation de l'arrêt de condamnation par un jury national.

ART. 20. Le jury est établi en toute matière pénale.

ART. 21. Aucune mesure préventive ne pourra suspendre en tout ou en partie les libertés garanties par l'art. 17, excepté la séquestration personnelle dans le cas de flagrant délit ou de mandat motivé du juge et notifié à l'inculpé.

ART. 22. Le secret des lettres ainsi que le domicile sont inviolables. Cette garantie ne peut recevoir de limitation que dans les cas expressément prévus et spécifiés par la loi pénale.

CHAPITRE IV.

De l'autorité publique ou droits de l'État.

ART. 23. Toute souveraineté réside dans le peuple; de lui émane tous les pouvoirs qui sont de trois ordres, s'exercent par délégation directe, par voie élective et sont révocables.

ART. 24. Le pouvoir législatif comprend la *formation* des lois, l'examen et l'approbation de tout ce qui se rattache aux deniers publics et la haute surveillance de tous les actes de l'autorité exécutive. Il réside dans le conseil représentatif de la nation.

Le pouvoir exécutive comprend l'*exécution* des lois et des réglements d'administration publique. Il réside dans la personne nommée et agréée par la nation comme son chef représentatif. (Empereur, Roi ou Président.)

Le pouvoir judiciaire comprend l'*application* des lois. Il réside dans des tribunaux dont la composition, la formation et les attributions seront réglées par la loi.

ART. 25. Tout agent de l'un des trois ordres est rétribué par l'État. Aucun traitement ne peut dépasser 10,000 francs par an, ni être moindre de mille francs, minimum obligatoire non compris.

Le cumul en fonctions comme en rétribution est interdit.

CHAPITRE V.

Du conseil représentatif de la nation.

Art. 26. Le conseil représentatif est national; il se compose de députés élus directement par le peuple en vertu de la loi électorale, dans la proportion de 1 sur 50,000 habitants.

Le mandat législatif est conféré pour six ans et ne peut être révoqué avant expiration que par le corps électoral d'où il émane.

Art. 27. Le conseil représentatif vérifie le mandat de chacun de ses membres et juge les contestations qui s'élèvent à cet égard.

Il fait son réglement d'ordre intérieur, détermine le mode de voter, nomme son président et ses vice-présidents et compose son bureau.

Il se renouvelle par tiers tous les deux ans d'après l'ordre des séries déterminée par la loi électorale.

Art. 28. Le conseil représentatif se réunit de droit chaque année le premier mardi d'octobre; la durée de la session dépend de l'importance des travaux.

Ses séances sont publiques.

Il ne peut dans aucun cas se former un comité secret.

Art. 29. Le conseil représentatif ne peut siéger si les deux tiers au moins de ses membres ne sont présents, et aucune résolution n'est valable si elle ne réunit au moins dix voix au-delà de la majorité absolue et si elle n'a subie l'épreuve de la double discussion générale et par article.

Art. 30. L'absence non autorisée ni justifiée d'un membre du conseil représentatif sera constatée dans le procès-verbal de la séance et entraînera pour le manquant la perte de son indemnité quotidienne.

Art. 31. Aucun membre du conseil représentatif ne peut être poursuivi ni recherché à l'occasion des opinions et votes émis par lui dans l'exercice de ses fonctions.

Il ne peut non plus être poursuivi ni arrêté pour autre cause, pendant la durée de la session, que sur l'autorisation du conseil, sauf le flagrant délit.

Art. 32. Aucun membre du conseil représentatif ne peut accepter du gouvernement un emploi salarié.

Art. 33. Chaque membre du conseil représentatif jouit d'une indemnité de dix francs par jour pendant toute la durée de la session.

CHAPITRE VI.

Du pouvoir exécutif.

Art. 34. Le chef représentatif de l'État nomme et révoque tous les agents de l'administration générale, de l'avis du conseil d'État.

Il promulgue les lois, dont il ne peut dans aucun cas, suspendre ou arrêter le cours; fait les réglements d'administration publique et prend toutes les mesures nécessaires pour assurer l'ordre et garantir les libertés constitutionnelles;

Il fait les traités d'alliance de commerce et d'alliance, régit les rapports internationaux, sauf approbation ultérieure par le conseil national;

Il dispose de la force publique pour l'exécution des lois et la défense de l'unité nationale;

Il a le droit de battre monnaie en exécution de la loi;

Il a également le droit de faire grâce des peines afflictives infligées par le juge. Néanmoins en ce qui concerne les ministres il ne pourra faire usage de cette prérogative que sur la demande du conseil national;

Il peut convoquer extraordinairement le conseil national, proroger sa durée légale et ajourner l'ouverture de la session;

Il ne peut déléguer son pouvoir ni abdiquer en faveur de qui que ce soit sans l'assentiment de la nation;

Il répond à ses actes conjointement avec les ministres dont

le contre seing est exigé pour leur validité. Cette responsabilité sera réglée par la loi;

Il rend compte une fois par an et par écrit au conseil national de l'état général du pays;

Enfin, il jouit d'une indemnité annuelle de cent mille francs à titre de frais de représentation et habite le palais de l'État.

Art. 35. Les ministres, comme chefs des grandes branches de service public, ont leur entrée au conseil national, où ils n'ont que voix consultative. Ils ont le droit d'être entendus chaque fois qu'ils le demandent;

Ils y présentent et soutiennent les projets de lois arrêtés par le gouvernement et prennent part à la discussion de ceux présentés par l'initiative du conseil national;

Ils ont le droit de suspendre les employés sous leurs ordres. Tout arrêté de suspension sera motivé et transmis au conseil d'État qui pourra le révoquer ou le modifier suivant les circonstances, et l'inculpé entendu;

Ils sont justiciables du conseil national pour tout ce qui se rattache aux actes de leur administration respective. En cas d'accusation le conseil se forme en cour de justice.

Art. 36. Le conseil d'État est élu par le conseil national; ses membres, au nombre de vingt, sont renouvelés par moitié tous les quatre ans. Il est présidé par le chef de l'État;

Il prend part à toutes les délibérations du pouvoir exécutif, et prévient le conseil national en cas de dissidence avec le gouvernement sur les questions d'État;

Il a la haute juridiction des conflits administratifs et motive, sur la proposition des ministres, les arrêtés de nomination, d'avancement et de révocation de tous les agents de l'administration publique;

Il désigne un ou deux de ses membres pour le représenter au conseil national et y fournir les explications qui pourraient être demandées par celui-ci sur la gestion publique.

CHAPITRE VII.

Du pouvoir judiciaire.

Art. 37. L'administration de la justice est gratuite. Il ne pourra être établi aucun droit, aucune rétribution, sous quelque dénomination et sous quelque prétexte que ce puisse être, pour tous les actes judiciaires.

Art. 38. Toutes les contestations civiles et commerciales seront jugées en premier ressort par des arbitres nommés par moitié par les parties et présidés par un juge délégué.

Le second degré de juridiction résidera dans des cours d'appel composées de juges inamovibles élus par le conseil national et nommés par le chef de l'État.

La cour suprême sera composée de juges pris dans le sein des cours d'appel par le conseil national et nommés également par le chef de l'État.

Cette cour ne connaîtra point du fond des affaires.

Art. 39. Les juges inamovibles ne pourront être déplacés que de leur consentement, ni être suspendus ou révoqués qu'en vertu d'un arrêté du Conseil d'État, approuvé par le Conseil National.

Art. 40. Les officiers du ministère public sont nommés directement par l'autorité exécutive.

Art. 41. Les audiences des tribunaux sont publiques, à moins que cette publicité ne soit dangereuse pour les mœurs; dans ce cas le huis clos sera prononcé par un jugement.

Art. 42. Tout jugement doit être motivé, prononcé en audience publique et rendu au nom du peuple souverain.

CHAPITRE VIII.

Des finances ou gestion publique.

Art. 43. Aucun impôt ne peut être établi qu'au profit de

l'État, par le conseil national et s'il ne réunit au moins les deux tiers des voix des membres présents.

Néanmoins dans aucun cas l'impôt consenti ne pourra atteindre les denrées alimentaires.

Art. 44. Les impôts vôtés ne sont valables que pour un an et ne sont exécutoires qu'après avoir été approuvés par le chef de l'État et publiés dans la forme prescrite pour la publication des lois.

Art. 45. La gestion des deniers publics est confiée à un conseil des finances responsable nommé, moitié par le conseil national, moitié par le chef de l'État, et présidé par le Ministre des finances.

Tous les baux des immeubles et tous les contrats relatifs à la propriété foncière sont passés en son nom et sous son approbation.

Il en poursuit l'exécution en vertu de la loi.

Art. 46. Toutes les recettes et dépenses de l'État doivent être portées au budjet et dans les comptes.

Les loyers et fermages sont versés au trésor public.

Art. 47. Aucune dépense à charge du trésor public ne peut avoir lieu qu'en vertu d'une loi.

Art. 48. Le conseil des finances fait annuellement au conseil national les propositions pour la fixation et le payement des dividendes territoriaux ou minimum garanti de l'année courante et présente un compte général des revenus du sol et de leur emploi.

Art. 49. L'examen et la liquidation des comptes de l'administration générale et de tous comptables envers le trésor public appartiennent à la cour des comptes. Cette cour est organisée par une loi et ses membres sont nommés pour huit ans par le conseil national.

Elle veille à ce qu'aucun article des dépenses du budjet ne soit dépassé. Elle arrête les comptes des différentes administrations de l'État et est chargée de recueillir à ce sujet tout renseignement et toute pièce comptable nécessaire.

Art. 50. Le compte général de l'État est soumis chaque année avec les observations de la cour des comptes au conseil national. Après confrontation avec celui présenté par le conseil des finances et approbation, il sera publié et affiché dans toutes les communes du pays.

CHAPITRE IX.

De la force publique.

Art. 51. Le recrutement de l'armée mobile se fera par engagements volontaires. Dans aucun cas la conscription ne pourra être rétablie.

Art. 52. Le chiffre de l'effectif de l'armée mobile sera fixé chaque année par une loi. Cet effectif pourra être diminué par le chef de l'État mais jamais augmenté.

Art. 53. L'armée mobile sera organisée par compagnie de métiers de manière à pouvoir être employée, en temps de paix, à tous les travaux d'utilité publique, tels que constructions et entretien des grandes voies de communications, canaux, bâtisses, défrichement, culture, etc., partout où besoin sera.

Art. 54. Elle ne peut être employée comme instrument de contrainte que pour le maintien des droits des gens et pour la conservation de l'unité politique du pays.

Art. 55. Chaque soldat de l'armée mobile jouira indépendamment d'une solde fixe, d'une part proportionnelle dans les produits des travaux industriels de l'armée.

Art. 56. Le maintien de l'ordre intérieur est un service civique obligatoire pour tous les citoyens et dont le réglement appartient à la commune.

Néanmoins l'organisation de la garde communale sera déterminée par une loi.

Elle sera fédéralisée et pourra, en cas de danger national, être mobilisée par une loi.

Art. 57. Aucune troupe étrangère ne peut être admise au service du pays, ni le traverser qu'en vertu d'une loi.

CHAPITRE X.

De la circonscription territoriale et administrative.

Art. 58. Le pays est divisé en provinces, cantons et communes

Les limites de chaque subdivision territoriale et administrative sont déterminées par la loi, eu égard à la superfie du sol et non à la force numérique de la population.

Art. 59. Les communes, cantons et provinces sont régis par des institutions unitaires déterminées par la loi.

Néanmoins tout ce qui est d'intérêt purement local, sera réglé respectivement par chaque commune, canton et province.

Art. 60. La rédaction des actes de l'État Civil et la tenue des registres sont exclusivement dans les attributions des autorités communales.

CHAPITRE XI.

Dispositions générales.

Art. 61. Le pays adopte pour bannière nationale l'image symbolique de la paix : un drapeau violet surmonté d'une branche d'olivier, et pour divise : *Unité, Équité, Activité.*

Art. 62. Aucune loi, aucun arrêté ou réglement d'administration générale, provinciale, cantonnale ou communale n'est obligatoire que quarante-huit heures après sa publication dans les localités pour lesquelles il est admis.

Cette publication se fera par la voie du *Moniteur officiel* et par affichage dans des endroits publics spécialement désignés pour cet usage.

Art. 63. Le serment est aboli en toute matière.

Art. 64. Une code architecturale déterminera les conditions hygiéniques auxquelles toutes les constructions seront subordonnées.

Les habitations aujourd'hui existantes et qui ne seraient point conformes à ce code seront successivement modifiées par l'État, suivant les ressources du trésor public.

Art. 65. Tout étranger jouit dans le pays de la protection accordée aux personnes et aux biens indigènes.

Il ne peut être expulsé qu'en vertu d'un arrêté motivé par le conseil d'État et pour les cas expressément prévus par la loi.

Art. 66. La constitution ne peut être suspendue en tout ou en partie. Elle ne peut être modifiée qu'en ce qui touche aux intérêts politiques. Dans ce cas le conseil national déclare les points qu'il y a lieu de réviser, après quoi il est dissout de plein droit.

La déclaration de révision sera publiée et les électeurs convoqués quinze jours après pour élire un nouveau conseil national qui statuera définitivement sur les changements ou modifications proposés.

CHAPITRE XII.

Dispositions transitoires.

Art. 67. A partir du...... toutes les propriétés foncières seront converties en rentes viagères au profit des possesseurs actuels et leurs descendants jusqu'à la quatrième génération et par amortissement successif d'un quart par génération.

Ces rentes seront fixées sur la valeur cadastrale, à raison de :

1 1/2 pour cent pour les capitaux d'au-delà de *cinq millions;*

2 pour cent des capitaux de *un à cinq millions;*

2 1/2 pour cent pour les capitaux *moins de un million.*

Art. 68. Ces rentes sont aliénables et saisissables, mais seulement pour la durée de la vie du rentier.

A sa mort la cession ou la saisie cesse son effet de plein

droit et la rente retourne à ses héritiers, comme si elle n'était ni aliénée, ni engagée, ni saisie.

ART. 69. A l'égard des propriétés foncières provinciales et communales, le rachat sera effectué moyennant le paiement par l'État des dettes dont elles sont grevées, et ce, jusqu'à concurrence seulement de la valeur de leur dites propriétés respectives.

Là où cette valeur ne couvrirait point les dettes locales, les provinces ou communes qui seraient en déficit seront autorisées à y parfaire à l'aide d'un impôt exceptionnel.

ART. 70. Toute mutation de propriété foncière qui serait faite depuis la promulgation de la présente constitution est nulle, et l'acquéreur est privé de tout recours contre le vendeur.

ART. 71. Les possesseurs actuels ont le droit de continuer à habiter ou à exploiter leurs propriétés rachetées, mais à titre de locataires et par contrats ordinaires ou amphytéotiques.

ART. 72. Tous les baux et les contrats grevant la propriété par hypothèque ou autrement, actuellement existants, sortiront leur plein et entier effet.

Néanmoins s'il arrivait qu'une propriété était grevée au-delà de sa valeur cadastrale, les créances hypothécaires seront réduites au marc le franc, dans l'ordre de leurs inscriptions, jusqu'à concurrence de ladite valeur cadastrale.

Art. 73. En attendant la formation d'un nouveau code de lois civiles d'après les principes généraux tracés dans la présente Constitution, il sera pris par les pouvoirs constitutifs des mesures transitoires propres à assurer le respect des droits individuels et sociaux sans que dans aucun cas ces mesures puissent porter atteintes aux droits fondamentaux consacrés par la présente loi organique.

ART. 74. A compter du jour où la Constitution humanitaire sera exécutoire, toutes lois ou arrêtés quelconques qui seraient contraires sont abrogés.

www.ingramcontent.com/pod-product-compliance
Ingram Content Group UK Ltd.
Pitfield, Milton Keynes, MK11 3LW, UK
UKHW031923260826
14628UKWH00003B/1382

9 782013 264693